小学和谐校园
文化建设研究

岳红菊　著

延边大学出版社

图书在版编目（CIP）数据

小学和谐校园文化建设研究 / 岳红菊著 . -- 延吉：
延边大学出版社，2022.9

ISBN 978-7-230-03870-6

Ⅰ．①小… Ⅱ．①岳… Ⅲ．①小学－校园文化－建设
－研究 Ⅳ．① G627

中国版本图书馆 CIP 数据核字 (2022) 第 172803 号

小学和谐校园文化建设研究

著　者：岳红菊
责任编辑：史　雪
封面设计：张春雷
出版发行：延边大学出版社
社　址：吉林省延吉市公园路 977 号　　　邮　编：133002
网　址：http://www.ydcbs.com　　　E-mail：ydcbs@ydcbs.com
电　话：0433-2732435　　　传　真：0433-2732434
印　刷：天津市天玺印务有限公司
开　本：787 毫米 ×1092 毫米　1/16
印　张：8
字　数：200 千字
版　次：2022 年 9 月第 1 版
印　次：2024 年 3 月第 2 次印刷
书　号：ISBN 978-7-230-03870-6

定　价：59.00

前　言

随着国家对教育事业的重视，以及中国特色社会主义新时代发展的步伐，我国教育事业呈现出蒸蒸日上的新气象。然而在这一过程中，我们看到了许多家长的迷茫与困惑，目睹了众多教师的无奈和挫败。现实给我们这些教育工作者提出了新的问题：常听人说学生是春天的花儿，那么到底应该如何培育这些春天的花儿？我们应当为这些花朵的绽放创造怎样的教育环境？在这样的背景下，建设和谐校园被提上日程。

在新课程改革理念日益深入人心的时候，我们教育工作者的当务之急不是理念的创新，而是让理念落地，落到校园里，落到学生身上。相同的理念，在不同的学校里，由不同的教师实施，是有很大的不同的。每一所学校都有自己的特点或优势，每一位教师都有自己的教学经验和对教学的感悟。好的校园氛围，既能鼓励和保障教师的"价值"竞争，又能让教师从中感受专业成长的乐趣与生活的美好。

新形势对教育提出了新的挑战，应对教育信息化、现代化等诸多命题的挑战，教育工作者肩负着"停课不停学""减负不减质""减负不减责"的使命。此书的意义，也在于与诸位教育同人共研教育改革之创见，共商人才培养之真谛，共享教育实践之感悟，共创学习交流之领域。和谐的学习环境对孩子成长的助力是不言而喻的，我相信每一位教育工作者都想过以自己的绵薄之力推动我国教育事业的发展，为我国的教育事业添砖加瓦，期待与更多同人共同努力，为孩子的未来营造适合他们成长的和谐、优良的环境。本书旨在对校园管理、校园文化建设等行为提供帮助，促进更多小学校园管理方法的形成与成熟。

在编写本书的过程中，笔者得到了许多专家学者的帮助和指导，在此表示诚挚的谢意。书中存在的不足之处，恳请各位读者批评指正。

目 录

立人立德 诚信为本——如何培养孩子的诚信品质 1

家校携手 培养孩子的责任意识 3

春风化雨育英才——学生品德教育初探 8

高尚精神滋养校园 德育教育彰显特色 10

强化美育、德育、体育的育人功能 促进学校蓬勃发展 14

换位思考 平等交流 引导学生良性成长 17

如何建设一所好学校 20

如何培养一支优秀的班主任队伍 27

着力打造德才兼备的专业化教师队伍 33

营造良好的班风班貌 形成良好的育人氛围 36

构建新时代下的"五爱"育人模式 40

创新——学校变革的源头活水 44

文化引领 创新发展 48

论义务教育阶段师德师风对青年教师的作用与意义 52

树德正风 率先垂范——师德师风建设 61

加强师德师风建设 凝聚积极向上力量 63

让崇高的职业理想引领教师的专业化成长 66

助力青年教师加快成长步伐 68

做专心专业教师 投身教育发展 79

践行职业理想 树立师德风范 做人民满意的教师 86

青年教师的教研起点 90

一路书香一路歌 94

线上教学引发教学变革："三案多模块集成"教学模式的有效实现 99

深耕细作重常规　精益求精促衔接 104

浅谈"三案多模块集成"教学模式下教师课堂学习力的提升 106

线上教学与行为习惯的养成 110

线上教学中学生　自主学习能力的培养 115

回顾线上教学过程　立足差异　做好线下衔接 119

立人立德　诚信为本

在青少年儿童成长的过程中，有很多重要的素养需要在日常生活中进行培养，其中，诚信品质作为一种重要的素养，越来越得到家长和教师的重视。因此，教育工作者应循序渐进并有计划地实施素质教育。

诚信是做人的根本，自古以来，中国就有很多讲诚信的故事，故事中的人物为后人树立了良好的榜样，起到了示范作用。历史证明，那些讲诚信、守信用的人都是值得信任和重用的人。一个品格高尚且能赢得他人尊重与厚爱的人，一定是一个非常值得信任的人，这样的人往往可以做成大事。和这样的人交往，会有信任感、责任感，自然也会收获满满的幸福感。

在信息时代，知识更迭瞬息万变，人们的价值观和人生观受到空前的冲击。但不管外界如何变化，作为独立个体的人，要想在世界的潮流中保持独具一格的人格魅力，就需要坚持一定的为人准则，以不变应万变，这就需要拥有独立坚强的灵魂，内心保持良好的操守，这样才能保持开放的心态，成为一个快乐、亲和的人。

教育是一项复杂、长期且具有系统性的任务，教育工作者以及相关人士只有携手共同建设起育人的桥梁，互相合作，互相支持，互相配合，形成教育的合力，才能最大限度地达成教育的预期效果。

笔者结合吉林市昌邑区第七小学的实践和自己在工作中的积累，总结了几条培养学生诚信品质的经验，在此与大家分享。

一、言必行、行必果，在学生心里树立诚信的榜样

在儿童成长过程中，对其的诚信教育越早越好。首先，在家庭教育的主阵地，也就是学生的家庭环境中，父母是诚信的传递者，向孩子传递着诚信的重要性，每一天都在身体力行地体现诚信的品质。这就需要家长对孩子许下的承诺一定要说到做到，比如，父母答应孩子考出好成绩去旅行，如果孩子真的考出好成绩，那即使再苦、再忙、再累，也要认真地兑现承诺，不要失信于孩子。

二、注重思想教育，善于捕捉教育契机

作为教育工作者的班主任，也要对学生进行长期的诚信教育，在学生中发现诚信的模范，将其作为其他学生学习的标杆。让诚信成为照亮现实的一道光，为班级文化增添一道靓丽的色彩。

身教大于言传，家长和教师要成为诚信的榜样。一个具体的践行诺言的行为，胜过苦口婆心的千言万语。家长和教师应该在平常的生活中，及时地抓住机会，向学生渗透诚信的观念，做诚实守信的楷模，给他们人格上的引领。

三、在学生的心里种下诚信的种子

小学生往往不喜欢空洞的理论说教，他们更愿意在他人的身上看到一种榜样的力量。所以，与其苦口婆心地劝说、诱导，不如让他们通过阅读古今中外关于诚信的故事，发现那些历史名人身上的诚信品质。所以，无论是家长，还是教师，都应该为学生获取这些有意义、有价值的材料提供支持与服务。

四、以多种形式展现诚信品质

教师可以在课本角色扮演、班会等活动中设计与诚信相关的任务、环节，来增强学生的现场感悟力。学校可以安排以"诚信践行周""诚信践行月"等为主题的实践活动，带动全体师生以实践诚信为目标，落实"人人守诚信，事事能诚信"的行为准则，建设"诚信校园"。可以进一步总结诚信活动的成果，评选出优秀人物，在全校进行表彰，从而形成良好的诚信文化氛围。

五、给予孩子信任

对于小学校园中不同年龄阶段的学生来说，接受事物的程度一定意义上取决于他们内心的意愿。身边人潜移默化的作用毋庸置疑，所以，我们要善于从旁观者、过来人的角度，不露痕迹地对学生施以正面的引导和教化，使他们的诚信行为成为自觉、自愿的行为，这样他们才能将诚信变为自身的素养，他们的诚信品质才会长久地持续下去。

诚信是做人的根基。一个具备了良好素养的人，首先应该是讲究诚信的人，而一个失去了诚信的人，是注定不会受到他人尊敬的。所以说，具备诚信品质是一个人基本的道德底线，我们教育工作者，就是要在孩子的成长过程中施以助力，使他们成为具有良好品德的人。

家校携手 培养孩子的责任意识

家庭是儿童道德教育的主阵地，是最容易开展自然教育的环境，家长要善于把握这一绝佳的育人场所，从小培养孩子的责任意识和责任担当。

让孩子学会独立承担自己可以完成的事情，家长不要过多干涉，从小培养他们独立的习惯，凡是可以自己动手的事情就放手由他们去做。

小学生如今生活在物资充足、和谐优美的社会环境中，享受着前所未有的物质生活。吃好、穿好已经不成问题，但是有一件事比较难，而且是许多家庭的难题，那就是孩子的教育问题。许多家长的共同感受是，孩子在小的时候个个乖巧可爱，可是长大后却越来越难以管教。他们开始藏有秘密，与家长越来越疏远，甚至攻击、打骂家长。怎么孩子越大越不听话了呢？究其原因，与一些家长的错误认识及引导有关。

中华传统文化注重阴阳平衡，最推崇对"度"的把握，既不能欠缺，又不能过分，对孩子责任感的教育也是这样。笔者认为，家长的教育误区普遍表现为以下几个方面：

1. 过分照顾

很多家长放不开手脚，对孩子事事包办。他们甚至告诉孩子，除了学习，孩子什么都不用操心，让孩子感觉自己可以心安理得地享受一切服务。长此以往，孩子慢慢长大了，但索取的行为没有改变，可是家长却无法忍受了，看着衣来伸手、饭来张口、失去自理能力的孩子，心里不是滋味，于是开始抱怨，亲子关系开始变得紧张。

"如果你不能养活我一辈子，为什么从小对我那么娇惯？"这是在一个电视节目里，一位母亲指责自己的儿子在家啃老时，这个儿子反过来质问妈妈的话。相信大家看了这句话，心情都很复杂。多么刺耳的话啊！凡是母亲都会有保护孩子的想法。但有些母亲把孩子"包裹"得太严，保护得太好，让孩子在一个近乎"真空"的环境下成长，让他们的生活中没有一丝挫折，更不要说承担责任了。

美国儿科博士詹姆斯曾经说过："依赖本身就会滋生懒惰、精神松懈、懒于独立思考、易为他人左右等弱点。"所以对孩子过分照顾的家长虽出于好心，但真的在办坏事。家长一定要摒弃为孩子做好一切准备的想法，切勿以爱的名义影响孩子责任感的形成。

2. 过分逼迫

"只许成功，不许失败！"

"这次考试成绩必须达到 90 分以上！"

"你成绩不好，爸爸妈妈在亲朋好友面前都抬不起头啊！"

这是很多家长都说过的话。家长们以为这样的话语会让孩子立刻振作起来，努力学习，成为佼佼者。这是"激将法"吗？不，对于孩子来说，这是赤裸裸的威胁。爸爸妈妈是孩子最亲近、最信任的人，这些话很可能使孩子觉得害怕，不敢负责任，因为他们觉得责任太重大，自己承担不起。学习的时候精神压力过大，反而一塌糊涂。家长们要明白，在孩子成长的过程中，做错事并不是不可接受的，把所有事情都做得井井有条才是过于苛刻的要求。

3. 过分指挥

很多家长喜欢发号施令，替孩子安排好各种事情，然后让孩子无条件地执行。孩子在非自愿的情况下是很难把事情做得完美的。

笔者曾经教过一个叫萍萍的女孩，当时她是初三的学生。听同学们说，萍萍很聪明，在初一的时候学习成绩很好。可是从我认识她开始，就感觉这孩子有些懒惰，不爱学习。有一次她在课堂上违反纪律，下课后我把她带到办公室，想了解一下具体情况。可是我无意间在她的手腕上发现了多处伤痕，新伤、旧伤都有，于是我顾不上追究她上课违反纪律的事情，而是问她这些伤是怎么回事。孩子说没事。我就把孩子的手拉过来仔细看，只见有的伤口还冒着血丝。我问她："不疼吗？"这一问，孩子的眼泪"刷"地一下就掉下来了。她回答我说，没什么大不了的，是自己不小心弄的。接着又说，她的爸爸妈妈对她看管得很严，从小到大没让她自己下楼玩过，出去必须有家长陪同，所以，她感觉没有自由。在学习方面，她喜欢数学，一直有一个教师辅导她数学，因此初一和初二时她的数学成绩一直很好。她不喜欢英语，从上小学开始，她的家长就给她报了英语班进行辅导。期间萍萍几次请求停止英语辅导，家长就是不同意，但是她的英语成绩一直也不好。上了初三，爸爸妈妈说她数学成绩保持现状就行了，不用额外辅导了，该好好学习英语了，于是就停止了数学辅导，让她继续上英语班。萍萍跟父母多次争取不要停止数学辅导，但是都被拒绝了。家长认为这样的强制措施能让孩子把精力多放在英语上，可是萍萍的想法是，不让我学数学，英语我也不学了。于是天天放学回家作业都不写，多数时间都在打游戏，导致学习成绩直线下降。

萍萍的例子告诉我们，孩子逐渐长大，会慢慢出现逆反心理。如果孩子出现逆反心理，家长不要害怕，因为这表明孩子有自尊心，有想法，学会保护自己了。如果孩子放弃了，什么都不想、不做，那才是最可怕的。

4. 鼓励不足

那种每次参加完家长会都想方设法地对孩子进行鼓励的家长，实在是让人敬佩，这样的家长懂得孩子的心灵是敏感的、脆弱的，因而话语不多的鼓励对于孩子来说就是"甘霖"。当我们发现孩子的一点点进步和优点时，不要吝惜表扬的语言，抓住时机，用真心去欣赏他、拥抱他、赞美他。

5. 信任不足

一个人一旦认为自己肩负责任，便会尽量严于律己，严格管控自己的行为，就会勇于承担自己所负的责任。

随着孩子逐渐长大，他们开始渴望探索外面的世界。但很多家长开始不放心了，开始限制孩子的行为，甚至偷看、跟踪孩子，总要对孩子交了什么样的朋友进行各种盘问，这种不信任的行为一次次伤害了孩子。

这样的例子不胜枚举。究其根源，主要是家长不信任自己的孩子，对他们事事怀疑、时时怀疑，导致孩子最终失去做事的信心。孩子的责任感都是在生活的一点一滴中建立起来的，有时也许只是一句话，就改变了孩子的想法。

每个人都在家庭、社会中因扮演不同的角色而负有不同的责任，这些责任让每个人的生命更有价值，同时也给人带来不同程度的约束。每个人在生活中都有多重的身份，因而我们要负起多种责任。面对长辈，我们有赡养照料的责任；面对晚辈，我们有抚养教育的责任；面对上级，我们有配合支持的责任；面对社会、面对国家，我们在享有公民的基本权利的同时，也要肩负起相应的责任。

培养孩子的责任心非朝夕之功。它其实就在我们与孩子日常生活的接触中，在饭后睡前与孩子三言两语的对话中，特别是在父母以身作则、身体力行的不言之教中。对于小学年龄段的孩子，笔者觉得应该从四个方面加强引导：

1. 学会回报

现在的孩子都是家中的宝贝，得到了亲人太多的疼爱，而爸爸妈妈要告诉孩子进行爱的回报，要设身处地地帮助老人做一些力所能及的事情。比如，给爷爷倒一杯水，给奶奶夹她喜欢吃的菜，给姥姥揉揉肩，陪姥爷去买菜，等等。这些不是偶尔要做的事，更不应该高兴就做、不高兴就不做，而是要养成习惯。如果孩子做到了，父母要及时地进行表扬，让孩子感到自己是有价值的、是重要的，时间长了，孩子的责任心就自然而然地树立起来了。

2. 自己的事情自己做

我们的家长总是认为孩子小，没有自己决定和处理事情的能力，总是喜欢替孩子做主。在孩子还小的时候，家长总会跟他们说："自己的事情自己做。"可是有多少家长能真正放心让孩子自己去做事呢？为什么孩子大了反而处处被限制了呢？事实上，让孩子自己动手做事，然后在没有做好的事情中吸取教训，会使他们学会不再任性，并且能够使他们养成遇事不推诿、负责任的好习惯。

3. 尊重、信任孩子

在孩子还小的时候，家长往往能做到多多鼓励，可是在孩子上学之后，就很少听到父母的鼓励了，更多的是打击。原因是很多家长在孩子上学后就只在乎一件事，那就是孩子的学习。比如，某天，孩子回家兴奋地说："妈妈，今天学校组织大扫除，每个人擦一块玻璃，我擦得最干净，教师表扬我了！"一些家长会说"学习不怎么样，干活倒是用心了"，或者其他类似的话语。这些话听起来似乎是无心的，可是孩子却记在心里，就在这不轻不重的打击下，孩子对自己失去了信心，否定了自己，做什么事情都没有热情。

孩子逐渐长大，逐渐能够在某种程度上判断生活中的是是非非了。这时，如果家长能够放低自己的姿态，与孩子进行平等的交流，孩子会觉得自己得到了尊重和信任，所以也会向家长敞开心扉，把他的烦恼苦闷告诉家长。亲子关系融洽了，孩子青春期的一些负面情绪会得到很好的释放，就能平稳地度过青春期。

如果家长能够做到将孩子视为一个完全独立的个体，并且充分尊重他们的独立人格，他们的责任心便会慢慢建立起来。

一旦孩子的责任心建立起来了，父母就会非常轻松，因为一个有担当的孩子会尝试自己安排自己的学习和生活，能够做到不让大人操心。所以充分信任和尊重孩子，让孩子自由成长，尝试独自承受生活的考验，他们才能成为独立自主的人，才能担负起自己的责任。

4. 贵在参与

让孩子参与家庭决策和家务劳动的重要意义是让孩子知道他是属于这个家庭的，是家庭的一员，他的行为对家庭有影响。这种心态对孩子来说非常重要，要让孩子找到存在感和价值感。对此对笔者有两个小建议：

一是和孩子一起购物的时候多多征求孩子的意见。比如，家中要换家具时，问问孩子的想法，孩子会很高兴的。但要注意的是，最后决定的时候如果孩子的意见没被采纳，一定跟孩子沟通好，说明为什么没有采纳他的意见，避免孩子感到心理不平衡，影响他们后续参与的积极性。

二是让孩子参与家务劳动，共同分担家务，进而培养他们的责任感。如果是跟老人住在一起，家长一定让孩子在家里承担某项责任，为老人做些什么，而不是单纯地让老人照顾孩子。现在很多家庭都养宠物，大多都是在孩子的要求下养的，所以家长可以抓住这个机会，让孩子来照顾小动物，即使只承担一部分工作也好，让孩子在照顾小动物的过程中形成爱心、同情心等。

春风化雨育英才

——学生品德教育初探

十年树木，百年树人。从某种意义上讲，教师对小学生思想品德的培养，帮助小学生树立正确的人生观、价值观，比简单的知识传授更加重要。而班级中的后进生，作为较为特殊的群体，最容易被忽视，甚至被歧视，从而引发孤僻、粗暴、自卑等负面情绪，个别极端情况甚至会影响学生终生。教师不仅要关注成绩优秀的学生，也要关注后进生，不仅要注重提高后进生的成绩，而且要培养其优秀的品德，使其成为对社会有益的人。

一、更新思想观念，将德育工作放在学校发展的首位

多年来，特别是在唯成绩论的应试教育环境下，抓教学、要成绩成为教育工作的核心，有的时候，品德教育反而成了可有可无的点缀，有些学生除了学习好什么也不会做。例如，有些学生简单的起居都需要人照顾；除了学习好什么都不懂，连最起码的人情世故都不知道；等等。这就是所谓的高分低能。对学生进行品德教育才是最重要的，但现在很多人都本末倒置，过分强调学习，而忽视了品德教育的重要性。因此，笔者在课堂上，经常讲一些与品德教育相关的话题，把知识的传授和品德教育结合起来，让学生主动提问题，适当总结，潜移默化地提高学生的品德修养。进行品德教育，不是简单地进行爱国主义教育，而是应该首先教育他们孝顺父母、尊敬师长、爱护弱者，用一些身边看得见、摸得着的事例，更容易引发共鸣，使品德教育更深入人心。

二、保持平常心，改变唯分数论的思想观念

当前，升学率依旧是评价教师教学水平的主要标准，导致教师关注的重心自觉或不自觉地放在了学习成绩优秀的学生身上，而忽视了后进生的感受。更为严重的是，部分教师心态具有明显的倾向性，典型的表现是：若两名学生犯了同样的错误，教师对学习成绩优秀的学生格外容忍，能够耐心地教育；对后进生则毫无耐心，甚至冷言冷语地挖苦，过分指责。这样的行为，让后进生感觉受到了不公平待遇，久而久之，会使其形成逆反心理，或性格偏激、不服管教，

或心理自卑、性格自闭等，严重影响学生正常品格的形成，不利于其心理健康发展。笔者在课堂上特别注意避免发生此类事件，有的时候甚至对绩优生更严厉些，打消他们可能存在的高人一等的骄傲心理；对后进生更温和些，充分保护他们的自尊心。这样的做法获得了较好的效果。

三、以身作则，处处做学生的表率，做学生的领路人

要学会做学生的精神导师，也要努力成为他们生活中的朋友。教师永远不要用高人一等、居高临下的语气说教，这样只会扩大教师和学生之间的距离。教师的威信不是靠恐吓学生建立的，而是依靠专业的素质、高尚的人品、真诚的态度建立的。要平等对待每一名学生，对他们视如己出，尊重他们的人格。班级上有一些后进生是很正常的现象，但学习不突出不代表他们不是人才，他们可能有其他天赋等待挖掘。因此，教师要用一颗平常心去看待后进生，正常开展情感交流，把他们当作朋友。苏联杰出的教育家安东·谢苗诺维奇·马卡连柯曾经说过一句话："爱是教育的基础，没有爱就没有教育。"要教育，教师首先要做一个有爱心的人，在与学生的交往中，展现出宽广的胸怀，对他们既有长辈的关爱，又有朋友的友爱，在这个基调下，学生才会真正把教师当成可以倾诉的对象，后进生才能放下思想包袱与教师真心交流情感。到了这个时候，对学生的品德教育就成了水到渠成之事。

总之，作为教师，不光业务知识要过硬，情感教育更不能放松。教师要以身作则，引导学生心理的健康发展，把德育工作落到实处。

高尚精神滋养校园 德育教育彰显特色

进入新时代，吉林市昌邑区第七小学以习近平新时代中国特色社会主义思想为指导，培育和践行社会主义核心价值观，结合学校的育人特色，形成了爱祖国、爱人民、爱劳动、爱科学、爱社会主义教育的"五爱教育"模式，造就了一批"四有"好教师、全面发展的好学生、心系教育的好家长。

一、抓文化，重熏陶，铸就校魂

1. 坚持文化引领

我校积极打造以"智、勇、爱"为主题的楼廊文化，倡导推广"和、美、儒、雅"的教职工文化，建立形成"严细、精准、高效"的管理文化。依托"五爱教育"规划了培养艺术人、文明人、儒雅人的育人发展目标，为培养具有爱国情怀和国际视野的合格人才奠定了坚实的文化基础。

2. 优化校园环境

在班级创意设计中，我校充分发挥学生的主体作用，将社会主义核心价值观和"五爱教育"融入班徽、班规、班歌、班旗等的设计中，并以生动活泼的形式植根于学生的心灵之中。

3. 拓宽育人途径

我校充分利用云平台带来的便捷服务和丰富资源，开展丰富的网络育人活动，开展了"颂党恩跟党走""过一个廉洁、温馨的教师节""文明有约"等主题活动，营造风清气正的良好环境，也拓宽了学生成长的新路径，取得了良好的德育效果。

二、建制度，优管理，打造"铁"团队

1. 完善制度体系

我校围绕师生行为准则（人人身先士卒、整体利益至上、遇事要敢担当、今日事今日毕、好上加好为最好），细化形成符合学校发展定位和教师素质要求的系列制度；建立了学校、教师、学生、家长"四位一体"的师德师风评价

机制，严格执行"师德负面清单"制度，增强制度的约束力，完善师德监督，推进管理规范化，进一步优化管理效能。

2.创新管理模式

学校实行更为精准、高效的"一中心、两条线、六个部"的扁平化管理。以校委会为中心，坚持德育和教学两条主线，五个年部和综合服务部齐头并进，不断完善学校、家庭、社会一体化、网络化的管理模式。形成"由主要领导挂帅—德育办具体抓—年部主任层层落实"的教师管理系统，"由学校大队委督查，学生自主实践"的学生操作系统，以及"由班级、年部、学校三级家长委员会，带动广大家长积极参与学校各项活动建设"的家校协同管理系统，做到人人有责任，每个人都是学校的主人。

3.加强团队建设

深入开展师生团队创建活动，与市委党校、兄弟单位建立合作关系，多批次组织师生、家长走进市委党校精神教育基地，开展团建活动，接受精神洗礼。定期举办诗歌朗诵、主题书法、读书分享会等系列活动，选拔树立各类先进典型，提升学校精神层面力量，打造有高度凝聚力、有强烈精气神的师生团队。

三、抓课程，重渗透，构建体系

1.构建校本大德育课程

学校根据习近平总书记在中国少年先锋队第七次全国代表大会上的讲话精神，和中华人民共和国教育部（以下简称教育部）印发的《中小学德育工作指南》的核心内容，将社会主义核心价值观的 12 个词，做成 12 个微视频，借助网络进课堂、进家庭、进社区。将"五爱教育"与学生年龄特点相结合，衔接低、中、高三个年段，把每个"爱"，细化成三个层面，如将"爱劳动"细化为自我服务、校园实践、公益劳动三个层面，循序渐进地提升学生素养。充分借助校本课程这个"小切口"，做好"五爱教育"大文章。

2.教学相融，入脑入心

我校以课堂为主阵地，结合教材，组织丰富多彩的教学活动，各学科教师还结合本学科的特点、学生的年龄特点，分学科、有层次地设计了不同的特色作业，引领学生将所学内容入脑、入心，使学生能随时随地学习文化知识和做人的道理。

四、抓载体，重内化，实践育人

1.实践活动影响塑造

我校围绕"五爱教育"，持续开展系列主题活动。开展全员参加的"社会主义核心价值观宣讲"活动，培养学生"有爱、有梦"的家国情怀；开展"花坛认领""五两保三餐"等系列体验活动，增强了学生勤俭节约、艰苦奋斗的意识，使学生认识到劳动最光荣、劳动者是最美丽的人；开展"社区服务""走进养老院"等志愿服务，帮助学生学会关爱他人，懂得感恩，乐于奉献；开展一系列主题故事宣讲活动，学思悟行，影响示范，做到德育教育全方位、多元性、立体化、大覆盖，把"五爱教育"内化于心、外化于行。

2.特色社团耳濡目染

学校在社团活动中活化"五爱教育"，发扬本土文化的育人优势，以各种特色建设为切入点，成立特色社团，并取得了丰硕的成果。

五、促合作，重协同，共育英才

1.让家长多参与

持续推动家校共育共治。学校坚持开放式办学，定期改选"校、年、班"三级家长委员会，逐步建立心系教育的家长队伍。充分发挥学生家长"觉悟高、能力强、影响力大、经验丰富"的四大优势教育资源，在教育下一代的学习和生活等方面，发挥了积极的推动作用。家长"讲师"进课堂、家长足球俱乐部、各部宣传板的布置、微电影的拍摄、跳绳比赛、运动会、阶段测评、诗歌朗诵等活动中，都留下了家长们的身影。

2.对家长多方指导

畅通家校沟通渠道。学校开展了"寻回失去的家访"活动，解决学校和学生在教育过程中存在的实际问题；定期开展家长开放日、举办成果汇报会，邀请学生家长参与其中；为学生家长做心理指导，帮助他们提高家教水平，促进他们了解学校的办学理念、未来发展方向，为学校的教育教学助力。

3.构建社会共育机制

突出"共享互惠"。发挥学校的优势，积极推进校际联合教研，打破校际壁垒，互相学习，共同提高。与社区建立合作，开展各项活动；邀请吉林省知名教育专家常驻学校指导工作；与公安、消防、交管等多个部门建立长期合作，共建平安校园，助力学生的健康成长。

吉林市昌邑区第七小学的教职员工持续不断地凝聚向上、向善、向美的强大正能量，使师生有信仰，学校有活力，育人有成效。

强化美育、德育、体育的育人功能
促进学校蓬勃发展

美育是审美教育，也是情操教育和心灵教育，美育与德育、智育、体育相辅相成，相互促进。美育在学校教育教学中有着举足轻重的地位。党的十八届三中全会对全面改进美育教学作出了重要部署，国务院也对加强学校美育工作提出了明确要求。吉林市昌邑区第七小学高举美育之旗，确立了"美育渗透，和谐发展，全面提高学生素质"的教育思想，打造"以美育人"的教育特色，美育渗透课堂教学模式的运用成效显著。在学校管理工作中渗透美育理念、发挥美育的作用、强化美育的育人功能、促进学校的蓬勃发展，达到了预期的教育效果。

我校各专用教室设备齐全，教学设施先进。教师队伍学历达标，结构合理，整体素质优良。我校以师生共同发展为本，以教育科研为先导，以特色教学为龙头，以德育创新为载体，以美育教育为主线，全面实施素质教育，注重培养学生的创新精神和实践能力，使每一个学生都能够全面并个性化地发展，把美育渗透到学校管理工作的各个方面，建设让家长满意、放心，让学生健康成长的和谐校园。

学校紧紧围绕教育教学工作，通过民主和谐的管理、自主探究的课堂教学、丰富多彩的德育活动，挖掘美育资源，最大限度地开发师生的美育潜能；贯彻美育教育，倡导美育理念，使学生在美的情境中快乐学习、快乐成长，为学生的终生发展奠基，为学生的美丽梦想铺路。

学校工作以教育教学为中心，让美渗入课堂，确立各学科的美育标准，强调教师要把美育自觉地渗透到各学科的教学中，根据学科的特点和规律，努力挖掘教材本身的审美因素，真正做到让美的内容陶冶学生的情操、启迪学生的智慧；让课本给学生以美的享受，采取多种形式和手段，在教学的各环节力求融入美育思想，在潜移默化中实施美育教育，给学生创造美的氛围，使学生在愉悦之中获得知识。

教师在教学中注重向学生传达审美信息，把握学生审美情趣的变化，提高其对家庭、社会审美影响的应变能力。在教学中，教师对学生进行自然美、社会美、艺术美、人生美等方面的全面指导，运用各种美的因素，培养学生成为审美主体，提高他们鉴别美、创造美的能力。

为了使美育渗透到课堂教学中，我校从五个方面突出了美育功能：教学目标中美育导向鲜明突出；教学方法中美育指导明确恰当；教学过程中美育情景真实展现；问题设计中美育环节拓展到位；教学效果中美育引导灵活自然。让学生主动参与学习、探索规律，引导学生善于发现美、欣赏美、创造美。

以德育活动为载体，让美走进心灵。"问渠那得清如许，为有源头活水来"德育教育中也蕴含着诸多美育的因素。为了使爱国主义、集体主义、大公无私、助人为乐等公德教育，与美育的心灵美、行为美的要求完全一致，我校采取课内外相结合、讲与练相结合，用树典型、创情境等办法使教育手段艺术化，探索出了新时期德育工作的新方法。以道德与法治课为主阵地，以德育特色活动为切入点，把美育教育贯穿其中，在各个主题活动日开展了一系列德育活动，让学生学会崇尚美德，倡导美好行为，培育学生的美好心灵。同时，加强走廊文化建设和班级文化建设，根据学生的年龄特点，不同的年级有不同的文化主题，大到德育展板内容的设计，小到班级物品的摆放，都体现出美育思想理念带来的育人魅力，从而取得了"随风潜入夜，润物细无声"的教育效果。

以阳光体育运动为引领，让美融入身心。体育运动，不仅能强筋骨、健体魄，而且可以调感情、强意志；既能塑体，又能健心，造就学生的个性美。我校通过将体育教学与美育教育相结合，开发学生的智力，培养学生的意志；陶冶学生的情操，强健学生的体魄。以"每天锻炼一小时，健康工作五十年，幸福生活一辈子"为宗旨，积极开展阳光体育运动，加强学生体育锻炼。

通过体操活动，强化学生锻炼表现美，使其体态健美；通过队列活动，培养学生对布局美和整体美的认识。把美育贯穿于体育之中，体育运动借助美感的力量，让学生形成健康的审美心理，树立审美的理想，实现健美与健体的结合，达到促进学生健康成长的目的。

以美化环境为依托，让美绽放校园。学生的审美习惯是在优美的环境中形成的。整洁、优美的校园环境，对陶冶学生的情操、培养良好的行为习惯有着不可估量的作用。因此，我校非常重视校园环境建设，积极组织学生参加美化校园的活动，增强学生创造校园美的意识，培养学生的审美个性，督促学生以良好的行为习惯为校园增光添彩。

换位思考 平等交流 引导学生良性成长

近年来，我们发现来自家庭、学校和社会的压力，不可避免地落到了学生的身上。学习、生活中的一些挫折是不可避免的，有的学生能够很好地进行自我调节，有的学生却可能因挫折的打击而一蹶不振，甚至自暴自弃。作为教师，对学生进行心理疏导，让学生能够正确认识挫折，形成健康、豁达的人生观，是教学过程中的必修课。以下是一些笔者多年的教学经验：

一、要有爱心

对学生而言，教师的一言一行对其影响极大，他们大多非常尊敬教师。有许多家长都反映，孩子只听教师的话，有时父母让其做什么事情与教师的安排不一致，孩子都会理直气壮地说，不行，老师说如何如何。弄得家长都有些不知所措。对教师来说，一个班级里的几十名学生，都像自己的孩子一样，要用关爱自己子女之心去关爱他们，让他们真切感受到教师的呵护，这样，学生也会用自己的赤子之心回报师长。学生众多，各自的成长环境不同，有的可能来自单亲家庭，有的可能来自留守家庭，也有的可能家里经济条件不好。教师要善于观察，及时给予学生心理辅导。对待性格各异的学生，一定要对症下药，采取不同的教育手段，尽量避免过激、武断的行为。要用爱心去感化学生，用真诚去教育学生，这样学生就会逐渐对教师产生信赖感，愿意对教师吐露心思，此时，教师再因势利导，基本都能收到较好的效果。

二、要学会尊重学生

青少年的心理极其敏感，一份关爱会让其异常感动，一次责骂则可能会使其寝食难安。因此，教师一定要善于处理师生关系、同学关系，其中最为关键的就是要学会尊重学生。在强调以人为本的今天，尊重尤其重要，甚至超过关爱。对于师生关系，要进行多元化处理，教师在课堂上是学生的师长，是答疑解惑者；在课下是学生的朋友，要相互尊重，平等相待。严慈相济要有度。教师在课堂内外都要与学生建立良好的相处模式，既不高高在上地摆架子，又可以和学生打成一片，其乐融融。教师切忌高高在上，那会让学生离自己越来越远，不会向教师说出心里话，教师的心理引导就失去了用武之地。教师要充分尊重学生，拉近彼此之间的距离，要开诚布公地解决所有问题和烦恼。

三、勤于学习

这里说的不是对教学知识的学习，是对教育心理学的学习，教师只有用理论武装自己的头脑，才能更好地对学生进行心理疏导。将心理学知识的学习与教学实践有机地结合起来，使教师的心理疏导能力发生质变，使教师更加深刻地了解学生内心的真实想法，做到有的放矢。

四、学会沟通

有效的沟通可以更好地帮助学生逐步成熟，有助于指导学生形成正确的人生观和价值观，使其理性地看待学习以及生活中遇到的问题和困难，提高自我调节的能力。与学生做好沟通交流是教师的必备本领，其中有些原则需要教师掌握：

首先，沟通要经过调研。与学生沟通不能泛泛而谈，要在摸清学生所存在问题的根源之后，经过精心设计再进行沟通，这样解决问题才有针对性。

其次，沟通方式要多样化。不能动辄将学生喊到办公室，对于比较敏感的学生，有时一个眼神、一个手势就能起到作用。

再次，沟通的态度要端正。与学生打成一片，不是无原则地与学生搞一团和气，而是在尊重的基础上与学生平等交流，在大是大非面前要坚持原则，对一些无关紧要的问题，则要充分尊重学生的兴趣和爱好。

最后，沟通要多换位思考。要从学生的角度考虑如何处理一些问题，理解他们的心理，这样才能引起他们的共鸣。

除此之外，要能保守学生的秘密。一个班级有几十名学生，什么性格的都有，有的喜欢向教师反映班级里的问题，有的可能无意做了一些不太光彩的事。对此，教师一定要守口如瓶，维护他们的尊严，如此才能取得所有学生的信任。

实践证明，师生间的沟通要以情感为桥梁，以理解、关爱为基础，加强同学生的沟通，运用各种方式严格管理，才能建立和谐的师生关系。

总之，在各种思想交杂的时代，要保证学生心理健康成长并不容易，教师作为学生人生道路上最重要的心理导师，责任重大。教师对学生的思想疏导要从日常工作的一点一滴抓起，多换位思考，多平等交流，才能赢得学生的尊敬，树立自己的威信。

如何建设一所好学校

一、好学校

教育就是要"让人成为人"。好学校是能够让学生健康成长，让教师的能力得以充分发展的地方。好学校应该成为学生学习知识的地方，成为学生健康成长的地方，成为学生温暖和谐的家园，成为学生梦想起航的港湾，成为师生共同绽放生命之花的花园。

好学校必须打造适合学生学习的课堂。这个课堂应该是以学生为本、以学习为本、以素质教育为本的课堂，这样的课堂上的每一堂课，都是师生健康快乐有效成长的过程，它可以成为师生发展的奠基石。应该努力让课堂成为学生学习知识的课堂，成为培养学生素质的课堂，成为师生获得成长的课堂。

好学校的"好"应该体现在每一位师生的身上。好学校里的每一名学生都朝气蓬勃，都以自己独特的姿态活跃在校园里；每一位教师都是快乐的园丁，在学校这个花园里播种希望，过着自己理想中的教育生活。好学校里不会有学生畏惧上课、害怕学习，也没有教师不喜欢讲课、不喜欢工作。

好学校能让全体师生都体会到家的温暖。家充满着爱的阳光，学生之间、教师之间、师生之间都环绕着亲情的温暖，把对方当作亲人一样对待，把对方当作一本书用心去读，都能够走进彼此的心灵，彼此之间也喜欢倾诉与倾听。好学校里的爱是建立在彼此平等、彼此理解基础上的真爱，能够用彼此感觉舒服的方式去爱彼此。因此，好学校就是被家的温暖环绕着的充满爱的乐园。

好学校可以成为一台促进学生生命成长的发动机。在这里，学生形成了自己的理想，找到了愿意为之奋斗一生的目标；在这里，学生收获了自信和爱；在这里，学生学习知识，学习如何面对人生路上遇到的困难。当学生毕业离开学校的时候，一定是习得了大量的知识并获得了他们人生今后发展所必需的经验的。

好学校要像一个芬芳四溢、开满鲜花的花园。里面的每一朵花都是美丽的，都是独一无二的。这里不能变成牡丹园，也不是丁香园，不追求百花同放，但求朵朵独自美丽妖娆。要让每一朵花都盛开，我们教育工作者必须要按照它们不同的习性为它们提供各自需要的土壤、水分、阳光和养料，这样，学校便会成为让师生共同绽放的花园。

那么，怎么做才能建设这样的理想学校呢？

首先，一定要有先进的办学理念。先进的办学理念具体体现在三个方面，即办学要面向人性、面向生命、面向发展。

其次，一定要有科学的办学模式。最科学的办学模式主要体现在：教育教学要以生为本，以学为本，以素质为本。

再次，学校一定要坚持自己的核心文化。学校的核心文化要紧紧围绕三个主旋律，即博爱、创新、向上。

最后，一定要有先进的教育教学管理模式。学校对教育教学的管理应主要体现在依法管理、以德管理、民主管理、科学管理几个方面。

二、好校长

都说教育就是"让人成为人"，在对校长做出评价之前，一定要先对学校进行评价。笔者认为，要把学校真正打造成为让学生学习知识、健康成长的地方，成为温暖和谐的家园，成为梦想起航的港湾，成为师生共同绽放生命之花的花园。那么，想要带领自己的团队建设这样的学校，校长应该怎么做呢？

好校长的心中必须充满爱。心中是否有爱决定了校长能否成为合格的校长，心中是否有爱也是判断校长是否拥有人格魅力的重要标准。任何家长都不会将自己的孩子交给一个不热爱教育、不热爱教师、不热爱学生的校长，那样的校长做不好教育工作。的确，好校长必须把做好教育工作作为自己的人生理想，把教育事业看作自己实现人生价值的舞台。心中无爱，便不可能主动扛起重任，不可能勇于承担责任，不可能做到有担当。因此，好校长的心中必须始终装着教师，装着学生，装着学校，身体力行地发展教育事业。

好校长必须对教育有敬畏之心。敬畏之心是力量的源头，是照亮前进之路的灯塔。一个没有敬畏之心的人，不可能尊重自己的工作，不可能尊重自己所从事的行业。校长应该对教育充满敬畏之心，尊重自己的工作，尊重一起共事的教师，尊重自己的学生，为学生奉献自己的身心，让教育事业有长足的发展，让每一位教师都能找到归属感并实现自我成长，让每一位学生都能够茁壮成长，成为更好的自己。长此以往，学校便会成为真正的"校园"。敬畏之心是成为校长那一刻起就应该具备的初心，也是校长投身教育事业的力量源泉。

好校长的思想要跟得上时代的发展。没有创新能力的校长不可能成为一名合格的校长，思想跟不上时代发展的校长也不可能成为一位好的校长。好校长要真正了解学生和教师身心发展的规律、教育教学的规律，以及社会发展的规律，真正做到让教育面向人性、面向生命、面向成长。好校长的思维方式一定要随着社会的发展而不断发展，不能停滞不前。好校长要持续关注社会的新发展，分析新形势的影响力，提出发展中的新问题，研究发展中出现的新理念，让自己的思想与时俱进；要乐于在黑暗中寻找光明，在光明中预见可能出现的危机，做时时思考、事事思考的校长。

好校长在工作过程中要不断创新。要持续更新自己的思想，并持续用新思路、新想法创新自己的工作，不仅要创新观念，还要创新工作、创新管理方法、创新文化思想、创新行动路线。创新不是简单的功利主义的花样翻新和形式更改，不应该只是口头上喊着这个工程、那个提高，这个竞赛、那个评比，这样只会劳民伤财，流于形式，而是必须符合人性发展规律、生命发展规律和社会发展规律，让教育成为促进人真正成长为人的伟大事业。

好校长必须勇于承担责任。对于问题重重的教育乱象，以及偶尔出现的违纪违规现象，校长应该积极应对来自各方面的挑战，其中，不仅包括对校长个人能力的挑战，还包括对校长良心和胆量的挑战。面对随声附和直言不讳的选择，面对踟蹰不前和锐意进取的选择，面对安于现状和勇于开拓的选择，面对碌碌无为和激流勇进的选择，面对功利主义的层层渗透，校长应保持教育初心，敢于积极推进教育教学改革，让素质教育早日落地，惠及教师和学生，开辟一条全新的、更有利于师生成长的素质教育之路。

校长要真正发扬民主，集思广益，建立一套能够激发教职员工积极性的管理机制。好校长必须一心一意搞教育，聚精会神谋发展，不能成为社会活动家，要做有思想、善行动的教育家，做一个真正让学生爱戴、教师喜欢、社会认可、人民满意的校长。

　　换句话说，一个好的校长应该是一个有影响力、有魅力的人，一个拥有高级理想的人。校长应该用科学有效的管理方法来教育学生，应该成为一位有勇气的校长，一位有头脑的校长，一位有担当的校长。校长也应该在实践中继续学习，不断发现问题再尝试解决问题。校长应该在课堂上观察教师和学生，研究教学方法，在课堂上总结问题，督促、指导教师不断改进教学方法，真正制定出一套能够激发教师热情的管理机制。一个好的校长必须致力于教育教学的长远发展，不应该是一个活跃的社会活动者，而应该是一个头脑清醒、思维灵活、执行力强的教育家。

三、好教师

　　教师是教育的基础。关于什么样的教师是好教师，这个标准可谓五花八门，始终没有定论。笔者认为，好教师的"好"应主要落在一个"情"字上，因为，情是教育的灵魂。

　　好教师要有充分的工作激情。所谓激情，是要求好教师要始终表现出昂扬的斗志，拥有积极向上的精神状态，要始终保持开拓进取的探索精神，始终保持锐意改革的工作状态，始终保持一种直面现状、不固定、不断突破自我的超越精神。这种精神源自教师对教育事业的热爱，源自教师自身担负的促进学生良好发展的重担，源自教师敢于挑战自我的精神，源自教师对教育事业发展的孜孜以求的务实精神。

　　好教师要有真感情。真感情是一个人重要的人格魅力，教师的真感情亦是如此，同时，它还是教师职业追求的动力。教师要有母亲般的情怀，众所周知，母亲爱自己孩子从来都是无条件的，是最无私的，是不求任何回报的。母亲的情怀体现在教师身上，便是对每个学生的爱都是无私的。教师还要有木匠般的情怀，在一位优秀木匠的眼中，不论一棵树长成什么样子，都是大有可为的。木匠的情怀体现在教师身上，便是对每个学生能力的发掘。教师也要有农夫般的情怀，农夫想种出符合自己期待的植物，就必须充分了解每种植物的不同习性，然后根据自己掌握的知识为它们提供适合其生长的阳光、水分和酸碱度等条件。农夫的情怀体现在教师身上，就是对每个学生的深入了解。

好教师要有才华。才华是教师实现自我奋斗目标和职业理想的牢固支撑和重要保证。教师的才华主要表现在：

（一）科学严谨的教育思想

一位有才华的好教师往往会通过自己的教育教学实践，建构一套科学严谨的教育思想体系，形成先进的教育观念，并以此来指导自己的教育教学工作。

（二）丰厚的文化底蕴

一位有才华的好教师一定具备良好的人文素养，他要对自然界和人类社会都有自己的独立思考，对人、对事有自己的独特观点。他能够帮助学生持续不断地提高知识水平和认知能力。

（三）系统的学科知识

一位有才华的好教师能够真正掌握所教学学科的核心素养、学科专业知识结构、学科特有的研究方法，能够真正帮助学生爱学习、会学习、学会所学内容。

（四）高超的教学艺术

一位有才华的好教师一定拥有最先进的教育思想和教育理念，同时又拥有能够展现自己独特魅力的教育方法，这种方法一定是教学技术和教学艺术的有机融合。

要成为一个有激情、有真情、有才华的教师，就要成为会学习的教师，在学习中，要坚持反思自己，坚持总结经验；要成为会研究的教师，不仅要研究教育教学方法，还要研究学生的实际情况；要成为懂创新的教师，要不断创新自己的思想，创新自己的教学理念，创新自己的工作方法；要成为有责任感的教师，对于现在社会上存在的某些教育乱象，要坚定立场，时刻提醒自己从学生的发展出发，要有自己的判断，要敢于面对挑战，敢于突破，要做一位有良心、有责任心、有进取心的教师。

四、好学生

大多数家长和教师都认为，那些在考试中名列前茅的学生才称得上是好学生，他们大都认为乖巧听话的学生就是所谓的好学生。但是，如今社会的发展要求我们重新定义"好学生"。那么，真正的好学生应该是什么样的呢？

好学生要有远大的抱负。当我们走在校园里，问一个学生他的理想是什么时，很多学生都会说他们的理想是考上好的大学，找个好的工作，有好的收入。你会发现，现在的学生很少有人会思考将来要从事什么具体的职业。笔者曾尝试给学生出一道简单的选择题，让他们在权力、财富和真理中选择，结果出人意料，几乎没有人选择真理。近年来，高中生在高考后丢掉书本的新闻屡见不鲜，好像在他们的心中，高考之后就不需要再学习了；部分学生也从不为自己的大学生活好好规划，读大学似乎只是为了能找到一份好的工作。这些现象都在向我们发出警示，在提醒我们，我们培养的学生越来越没有远大的抱负了，没有远大抱负的学生也谈不上什么理想，他们的人生可能没有了前进的方向和动力。因此，好学生一定要有远大抱负和崇高理想。

好学生要取得优良的成绩。此处的"优良的成绩"，不单单指取得的分数，还包括以乐学和会学为基础的"学会"。目前，我国的教育还是以应试教育为主，这就使得部分教师依靠灌输知识的方法使学生在某一次考试中获得高分，然而，实际上学生并没有真正获得学习的能力。此处的"学会"也不仅仅指学会课本中的知识，还包括"真正的知识"。所谓"真正的知识"，既包括书本中的知识，还包括学生面对社会生活的思想、观念、道德等各个方面。所以，好学生要取得优良的成绩。

好学生要具有优秀的品质。优秀的品质是学生健康成长不可或缺的一部分，也是他们走向成功的关键。那么，好学生应该具备什么样的优秀品质呢？① 好学生要求真。他们始终探索真理，他们能够勇敢大胆地怀疑，能够勇敢地反抗，能够勇敢地追求真理。② 好学生要懂得合作。做任何事情都想到与人合作，做到双赢，而不是自私自利。他们能够始终坚持一种合作的行为品质。③ 好学生的心中充满了爱。他们对自己的父母、自己的亲人、每一位关心爱护自己的人都心存感激。他们助人为乐，对社会充满爱心，同时具有奉献的精神。④ 好学生有创新精神。他们敢于表达自己对现状的不满。他们喜欢创新，喜欢改变，有丰富的感知周遭的意愿和较强的发展创新的能力，同时，还拥有敢于挑战自我且热衷战胜自我的优良品质。

　　好学生拥有健康的身心。没有强健的体魄一切都无从开始，因此，好学生应是喜欢锻炼身体且身体素质良好的学生，在持续不断的锻炼中增强自己的体质。

　　好学生的心里充满阳光。他们总能发现事物充满光明的一面，能够有力地鉴别事物的阴暗面，能够正确认识社会，对自己的人生和他人都有独到的见解。同时，他们富有同理心，能够做到换位思考，始终保持阳光健康的心理状态。

　　好学生要有充足的自信心，不自暴自弃，不畏首畏尾，不碌碌无为，始终相信自己的能力，努力奋斗。

如何培养一支优秀的班主任队伍

教育应当立足现实，着眼于当下社会的变革。随着知识的爆炸式更迭，教育的形势也发生了深刻的变革。教育环境与过去相比，发生了很大的变化，在这种教育背景下，师资队伍建设，尤其是班主任团队建设，成为一个学校建设的根本性任务，直接决定着教育的效果。

班主任在学校中的作用和地位已经得到彰显，他们直面学生的机会甚至超过了学生家长。如今，教育的改革需要高素质的班主任队伍。记得一位专家说过，一位优秀的班主任就相当于一位教育专家，班主任在学生个人成长中的作用巨大，甚至可以直接影响学生未来的方方面面。班主任确实是学校建设的中坚力量和骨干力量，班主任的基本素质将会直接关系到学生综合素养的养成。因此，在学校团队建设中，打造一支素质高、能力强的班主任队伍就显得至关重要。这支队伍抓好了，学生管理工作就是主动的；如果忽视了班主任工作，学生管理工作就是被动的。班主任不仅仅是班级建设的策划者、组织者，同时也是班级建设的领导者，在学校的各项工作中起到得力助手和骨干力量的作用。

班主任是学校的重要岗位，担任班主任是中小学教师的重要工作内容之一，各位教师担任班主任时，应将这项工作当作主业。学校进行教育教学管理时，应该充分发挥班主任的重要作用，着重听取班主任的意见和建议。从班主任的定义就可以看出，班主任在整个学校的教育教学发展进程中有着极其重要的地位。既然班主任有如此高的地位，能发挥如此重要的作用，那么，班主任的各项业务能力的提高和为学校打造专业化的班主任队伍就是学校发展中重中之重的任务。在实际工作中，怎样才能建设一支优秀的班主任队伍呢？

一、注重提升班主任的业务能力

在小学教师队伍建设中，班主任队伍建设是重中之重，这不仅仅事关提高教育质量的关键任务，也事关全面推进素质教育的进程。从学生入学起，班主任就担负着重要的职责和任务。所以，在全国范围内，积极打造一批优秀的班主任团队，是非常重要的教育任务，是当代教育发展到一定程度的必由之路。

班主任不但是学校的核心，而且是一个班级的主心骨，要奉献全部的精力与爱。班主任整体素质的提高必将促进学校办学水平和社会效益的不断提高。学校的一切工作最后都要落实到"育人"上，学校在教育思想上要树立全面的素质教育质量观。以德育为首，全面完成教学任务，全面提高教学质量。班主任在具体的工作中，应该关心学生的身体和心理，对学生的终身发展负起应有的责任。无论是校长还是班主任，都要树立起"学生为主"和"教师为主"的基本思想。在各项教育目标中，都应该坚持并体现以德育为主导的思想，只有保证"德育先行，德育为本"的教育思想，我们的教育才会有条不紊地进行，教育教学质量也才能得到稳步提升。那么在学校具体的德育工作中，谁来完成并且落实这一艰巨的任务呢？只有班主任才能担得起这样的重任。可以说，只有重视班主任工作，并且各项工作能够依托广大优秀的班主任，才能建设出好的学校。班主任教师做着琐碎而又艰苦的工作，却发挥着非常重要的作用。班主任的工作关系着学生的个人成长，关系着每一个家庭的幸福指数，关系着未来祖国的建设，所以，班主任工作被称为"最神圣的工作"。

如果把学校事业比作一座高楼，那么，班主任就犹如支撑这座大厦不可或缺的栋梁。为了塑造新时代人的灵魂，需要每一位班主任把准新时代的脉搏。班主任团队在学校的德育建设中发挥着至关重要的作用，所以，如何加强班主任队伍建设并且提高班主任的德育素质，就成为学校德育工作的重点。另外，班主任团队的建设不能急于求成，班级文化和积极向善的育人环境往往需要一个长期培养和建设的过程，我们应该做好打持久战的准备，积极建设一支思想觉悟高、业务能力强的班主任队伍。

二、重视多渠道培养

要想打造出专业化的班主任队伍，首先，国家要出台相关的法律法规，明确班主任工作中的权利和义务，这可以使班主任明确什么事是可以做的，什么事是坚决不能做的，这样也可以有效保障他们工作的顺利推进和良性发展。但应该注意的是，这些明确规定的权利和义务应该是清晰明了的，而不能是含糊不清的。例如，《中华人民共和国教育法》规定，班主任在日常教育教学管理中，可以采取适当的方式对学生进行批评教育。何为适当？处于不同位置的人有不同的看法。相对来说，这个"度"很难掌握，因为，这个"度"会给班主任的实际工作带来不小的困扰，严重的甚至会导致在实际教学过程中出现教学事故。为此，国家相关部门应该制定与之相适应的法律和法规，还应该就相关问题广泛征集广大一线教师的意见和建议，开展相关研究，为新老班主任提供可参考的、有建设性意义的帮助，以此来促进他们的成长。如果有一批经验丰富的专家学者型科研人员带领这些中青年骨干教师做研究，那么，通过对相关课题的研究，参与研究的班主任对专业问题会有更加深刻的认识。同时，各个地方的教育主管部门还应该根据当地教师的需求，组织各类有利于提高班主任业务能力的培训，开展各种形式的名师大讲堂，为广大新班主任提供学习和交流的机会。这样的活动还可以加强教师之间的经验交流，有利于他们快速成长。

在国家政策和方针的大力支持下，学校已有条件为班主任提供有效的交流平台。然而，这些保障还远远不够，班主任业务能力逐步提高、专业化班主任群体建设的最有力依靠还是班主任自己的进取心。在如今这个社会各方面均高速发展的信息时代，教育环境也变得愈加复杂，学生获取知识和能力的途径不再单一，而是变得丰富起来了，这也使得学生的人生观、世界观、价值观呈多样化发展趋势，这些外部环境都对班主任的工作提出了新的要求，并形成了新的、更严峻的考验。要应对这些考验，班主任首先要武装自己，使自己变得更加专业，必须不断学习和深造，不断关注外部环境的变化，针对新形势，研究随之变化的学习主体——学生。班主任需要关注的内容也在逐渐增多，包括但不限于学生的生理变化、思想变化，以及一言一行。

有人对班主任工作一直存在误解，认为当班主任没有什么技术含量，人人都可以当班主任。恰恰相反，随着新一轮基础教育课程改革的深入，人们逐渐意识到，没有接受过专业、系统培训的班主任不可能积极投身到工作中。班主任首先要有责任心，还必须拥有细心和耐心，同时还必须牢牢掌握最基本的专业素养。这些能力对任何人来说，都不是与生俱来的，都需要后天习得。具体的学习措施包括：

（1）认真研究、领会国家出台的有关教育的各项政策和方针。

（2）积极参与国家、省、市教育机构组织的关于班主任职业化等个方面的课题研究。

(3) 积极参加国家、部门组织的班主任工作经验交流会以及关于班主任工作方面的专业培训课程。

(4) 积极报名参与学校内部或学校之间举办的竞赛活动，如班主任工作能力比拼等。

(5) 阅读大量的相关书籍，如《班主任工作助手系列丛书》；通过多种渠道积极参与班主任工作线上直播讲座或交流论坛。

(6) 多向全国或者本校有经验的老班主任或者优秀班主任学习成熟的带班经验和管理艺术。

(7) 在日常各项教育教学及班级管理工作中，注意总结教学经验，不断吸取教训，不断提高教育教学水平及班级管理水平。

笔者相信，只要努力做到并长期坚持以上几个方面，一定可以显著提高班主任的专业水平。

三、充分信任，以老带新

对于严格选拔出来的班主任，学校要给予足够的信任，做到"用人不疑，疑人不用"。请有多年经验的老班主任来影响新一代年轻班主任，做到以老带新。在学校建设中，要充分发挥班主任的骨干作用，多多听取他们的建设性意见。学校应该建立随时听取班主任意见的机制，让班主任参与学校建设，感受自己的价值及受重视程度，这样能提高他们的归属感和幸福感。

对于班主任在工作中遇到的各种问题，学校要时时关注，及时帮他们解决实际问题，减少他们的后顾之忧。在遇到困难时，学校要与班主任协商，及时沟通，达到事事有人做、人人有事做的目的。

四、健全机制，提高工作效能

为了建立一支素养高、能力强的班主任队伍，学校应建立一套行之有效的长效机制，保证班主任工作有条不紊地进行，保障班主任的合法权益不受任何侵犯。

1.积极踊跃参与机制

学校要积极营造宽松、民主、和谐的育人环境，提倡让班主任充分参与学校建设的各个方面，从而增强他们的主人翁意识。同时，要建立常规的学校工作交流会，选举班主任团队作为其核心，交流工作经验，总结工作中出现的各种问题，对参与度较高的班主任进行奖励和鼓励。

2.激励导向机制

第一，学校要特别注意与班主任的沟通和交流，定期开展校长谈话会，力求与班主任通过沟通解决工作中遇到的问题，要特别关注年轻班主任的生活和成长需求，促成"一带一"的帮扶对子，帮助他们快速成长。

第二，注意激励班主任自身健全人格和情感的形成，以及他们自我实现需求的达成，公开、公正、公平地评选"优秀班主任"。

第三，努力从各方面为班主任促成学习、交流和进修，让他们走出去，学习同行的先进育人理念和带班经验。

第四，提高班主任津贴，在各项工作权重倾斜上，充分考虑班主任的负担，给予他们特别的照顾和关怀，同时在学校范围内对他们的付出给予合理报酬，让他们安心工作。

3.制度管理机制

积极建立健全对班主任评价的有效机制，以激励促进他们不断提升自我。同时，进一步完善评选优秀班主任制度、定期评价学生制度、评选优秀班集体制度、班主任考核的各项制度（如集体活动人员到位情况、活动组织情况、班会组织的情况、各项任务完成的情况）等各个方面的建设，通过这些制度为班主任指明其努力和奋斗的方向。

五、检查督导，细致入心

班主任的工作要紧紧围绕着学校的整体教学计划进行，认真制订科学的循序渐进的工作计划，制订班级建设目标，在教学、纪律、卫生等常规管理上下功夫。定期召开班主任会，共同研究协商解决班级管理中的各种问题，尽快找到有效的解决方法。同时还要注重培养学生的自我管理能力，定期召开学生的交流会，让学生给班主任的工作打分。学生随时监督班主任的工作，有助于班主任了解各方面情况，从而更好地总结经验教训，改进自己工作的方式方法。定期召开家长座谈会，互相交流和反馈学生的动态和表现，为家校配合共同管理学生提供依据和支持。

着力打造德才兼备的专业化教师队伍

一直以来，吉林市昌邑区第七小学致力于激励干部职工奋力前行，经过多年努力，培养了一支有高度凝聚力、强烈精气神的队伍，培养了一大批师德高尚、敢争排头、认真做事、和谐友善的教师。我校在吉林省乃至全国都具有一定的影响力，现将我校队伍建设的经验和大家分享。

一、抓规范，重引领，突出师德师风建设

（一）完善制度体系

学习践行《新时代教师行为准则》，细化制定教师行为"十不准"。运行学校、教师、学生、家长"四位一体"的师德师风评价机制，制定"师德负面清单"制度，对违反《教师职业道德规范》和"十不准"的行为"一票否决"。优化管理体系，实行扁平化管理，五个年部形成合作竞争发展态势，保障了教师队伍的良性发展。

（二）坚持文化引领

强调校训导航，以"三老四严、四个一样"的务实精神浓缩为"三风"；以"智、勇、爱"为主题的楼廊文化，和美儒雅的教职工文化，严细精准的管理文化，构建核心价值文化体系。同时，充分发挥党员先锋岗和先进典型的示范引领作用，通过树立、宣传、表彰先进典型，凝聚力量，加强信心。

（三）丰富教育载体

开展团队创建活动，着力打造优秀教师队伍。学校组织教师多人、多批次走入市委党校等处学习深造。在教师团队中举办诗歌朗诵、主题书法、读书分享及说课系列活动，身体力行地带动身边人育人育己，塑造新时代教师的良好形象。

二、搭平台，优管理，强化专业素质提升

（一）搭建创新平台，优化科研管理

学校鼓励教师申报课题，现有 10 余项各级各类课题正在实践研究中。开展"师徒结对"活动，以老带新、以强带弱。积极筹措资金搭建学习培训平台，

提供均等的学习机会。要求参加培训的教师认真学习，学有所得，学后汇报分享，促进教师专业水平的不断提高。

（二）搭建交流平台，优化教学管理

把握时代脉搏，及时更新理念。积极推进"网络学习空间人人通平台"的建设与应用，打造智慧课堂。推行每周二推门听课制度，领导带头、全员参与，评课反思、完善提升，构建高效课堂。将传统文化和美德教育融入各科的教学，打造特色课堂。

（三）搭建竞争平台，优化评价管理

科学量化评价。我校构建和完善了教学、科研、工作量、师德水平等评价体系，注重评价的科学化、精准化、规范化。在评价中，强化教师的自我教育、自我监控、自我反思，以激励教师不断缩小与别人的差距，营造良性竞争氛围和良好的发展环境。

（四）搭建成长平台，优化骨干管理

畅通推荐渠道，积极向上、向外推荐优秀教师。充分把握省、市、区教研活动、教学大赛、名师送教等机会，鼓励教师大胆参与、大胆实践，让教师获得最大收益。优化内部培养，注重梯队建设，定期开展校内教学技能竞赛，为教师搭建展示自我的舞台。近几年，我校培养出市区级骨干教师30余人。另外，有70余人次在各级各类大赛中获奖，多位优秀教师由参赛选手成长为各项赛事的资深评委。

三、促提高，转作风，推动学校整体发展

（一）让教师干劲足

在评优晋级中，学校按照上级文件精神，遵循公平公正的原则，制定评选方案，经职代会讨论、完善，后经民主决策通过。评选中，领导不指定人员，不干涉结果。校领导时刻关注职工的生活情况和情绪波动，尽可能地帮助他们解决棘手的生活问题，为教师安心工作提供保障，消除他们的后顾之忧。

（二）让干部有作为

在选拔任用中层干部时，选贤用能，严格要求，充分放权。不独断、不限才，

给他们搭台子、架梯子、压担子。每位中层干部都身兼数职，既要做好管理，还要承担主要学科的教学任务，他们现已成为各级名师骨干，成为学校发展的主力军和排头兵。

（三）让家长多参与

坚持开放式办学，持续定期举办校园开放日活动。推动家校深入合作，持续开展"家长讲师进课堂""家长足球俱乐部"等活动。定期改选家长委员会，让家委会成员有独立思考能力，真正代表家长的意愿，成为班主任的代言人。学生家长在参观、授课、管理的过程中，能够感受到教师的不易，使家长与教师相互尊重，促进家校融合。

（四）让成效再扩大

积极开展校际联合教研。发挥学校优势，打破壁垒、互相学习、共享互惠，促进区域校际间教育教学的蓬勃发展。学校近几年的发展变化也引起了各方关注，受到了高度赞誉。

四、明思路，定目标，打造新时代教师队伍

我校在全面落实省委省政府、市委市政府关于全面深化新时代教师队伍建设改革的实施意见的基础上，以强化师德师风建设为重点，以提高教师的职业素养和业务能力为核心，以管理制度的改革与创新为突破口，努力打造一支师德高尚、业务精湛的高素质专业化创新型教师队伍。

吉林市昌邑区第七小学一定会在办学理念上坚守方向，在工作中坚定不移，在强师塑魂上坚持不懈，持续发力、奋勇前进。

营造良好的班风班貌
形成良好的育人氛围

班主任的风格决定了一个班级的风格与基本面貌，作为班级的组织者和建设者，班主任的作用和地位显然是极其重要的。在我看来，班主任的喜好决定了学生的眼光，班主任的行为方式决定了学生的习惯和操守，班主任的兴趣和关注点决定了学生的人生目标。

班主任是纽带，是桥梁，一头牵着学校的管理机制，一头牵着千家万户的信任与嘱托。班主任是班级的脊梁，也是主心骨；是一个班级的守护神，也是领导者。班主任在与不同学生和不同家长打交道的同时，还负责具体的教育教学职责。可以说，班主任是一个学校的名片，是学校建设中的核心力量。

一、以优秀的个人素养，营建良好的班风班貌

班级是一个异常复杂的集体，学生来自不同的家庭，具有不同的教育背景，性格爱好有着很大的差异，尤其是学习习惯和学习能力有着很大的差别。对具有不同背景、不同性格、不同兴趣的人实施教育确实是很大的挑战，尤其是对班主任来说，更是极大的考验，同时也会为其带来巨大的工作压力。

班主任首先需要提高个人素养，个人修养不仅仅是文化修养，在知识领域，教师要成为专业方面的引领者，要具有必要的知识储备，不能满足于现状，而要通过各种途径不断提升自我，在专业的道路上越走越远。班主任要具备学科专业素养，还要成为学生思想道德的标杆，成为他们养成良好的学习和生活习惯的指导者。在思想道德建设上，教师要成为德育工作的主要领导者，班主任要具备基本的心理学知识，学会与学生进行有效的沟通。实践证明，班主任的工作风格、语言风格以及生活习惯，对学生的终身发展具有决定性的影响。班风，即整个班级的风格与风气，是很多性格迥异的人共同营造的氛围。班主任应该利用集体的力量去引导学生的人格朝更好的方向发展。

二、指导学生养成良好的学习习惯，成为学习的主人

教育的核心是促进学生的学习，让学生在学习的过程中，形成自己的学习

风格，找到适合自己的学习方法。随着学习内容的加深，学生会遇到学习的瓶颈，他们原来的学习方法不好用了，就会感觉学习越来越难。其实，除了学习基础与学习能力的差异外，决定他们学习难易程度的关键因素是学习方法的相对滞后。随着学习科目的增多，学习的内容越来越多，学生的学习压力也与日俱增，在时间分配上明显感觉力不从心。这时，如果没有家长或者教师的引领，一部分学生的学习成绩就会一落千丈，导致其失去学习的信心。

俗话说"授人以鱼，不如授人以渔"。教师要看到学生之间的差异，并且充分理解与接受这样的情况，在教学实际中，运用有效的教学手段与方法，促进他们的学习，努力缩小他们之间的差距。要根据每个人的情况，指导他们树立学习和成长的目标，让每个人都能在目标的引领作用下有所收获；特别是要教给他们高效学习的方法，掌握适合自己的学习方法，让学习成为轻松快乐的事情，减轻学习压力。

三、重视家校沟通，形成"五育并举"的良好局面

教育不能完全依靠学校和教师，孩子的成长空间不能只有学校，家庭和社会也是他们成长的重要阵地，如果处处、事事依赖学校和教师，那么我们的教育就是缺失的，也注定是不完美的。只有家庭和学校联起手来，共同营造良好的育人环境，在教育上共同努力，才能使学生健康成长。在当下教育环境错综复杂的特别时期，我们的教育正在经历前所未有的挑战。在这种情况下，教师如何与家长沟通，如何与学生沟通，就成为重要的命题，等待我们去解决。

为此，我校特别设立了学校开放日，让家长走进校园，时时关注到学校建设和管理方面的情况，形成群策群力共同谋发展、谋教育的良好局面。在这方面，我们听取广大家长的建议，通过家长委员会定期展开会谈，对学生出现的典型问题进行协商共议，以达到最好的教育效果。

另外，在班级、家校之间利用家校沟通卡进行日常交流，建立家校沟通档案，进行实时的、及时的沟通，让学生得到最有利的帮助，少走弯路，保证他们的学习效果和身心健康。

四、关注学生的心理健康，积极营造和谐安全的校园环境

学生逐渐长大，在心理上可能会发生极大的改变。适时关注他们心理上的变化，及时梳理他们的情绪，就成为迫在眉睫的大事。

逐渐长大的他们，开始了私密空间的拓展，开始有了自己的秘密，性格会发生急剧的变化。这时候，如果亲子关系紧张，会加剧他们的痛苦，可能造成他们人格上的分裂或者割裂。家长和教师要及时关注学生的这些心理和生理上的变化，进行及时的干预与心理指导，让学生顺利度过青春期，避免学生出现青春期逆反的现象。

五、加强学生的自我管理水平

通过各种机会，提高学生的自律自学能力，让他们在人际交往中学会管理自己，提高参与活动的能力，在班级管理和校园管理上充分发挥主人翁的作用。

重视班委会与团委的建设，让学生充分参与到班级的管理中，让他们在活动中锻炼自己解决问题的能力，提高他们为人服务的意识，让他们在管理他人的同时学会管理自己，提高社交能力、协调能力和管理能力。

定期开展班会，就班级建设的方方面面展开民主会谈，提高他们自觉建设优秀班集体的意识，让每个人都能在参与过程中感受到个人与集体的关系。充分发扬民主管理的作用，形成优良的班纪班风，达到学生自我教育的目的。

利用团委开展形式多样的团队活动，让思想先进的学生带动全体学生，让所有学生广泛参与文娱活动，这样可以发现有突出才艺的学生，给他们更多展示与分享的机会与平台。必要时可以向全校、全市推荐，这种推荐往往会为一部分学生的专业成长道路和职业生涯规划指明方向。

六、注重后进生的教育工作

对于后进生，教师要在思想上转变他们的自我放逐和放任自流的态度。引导后进生重拾信心最有效的办法就是发现他们身上的闪光点，让他们有自信心，然后为他们创造机会去发挥自己的优点，一点一点地找到自己的价值。

七、利用课后服务的时间提高学生的身体素质

积极利用课后服务的时间，让学生自主选择多种形式的体育健身活动，使他们关注健康，积极运动，通过热身训练和体育活动，提高学生的身体素质。与此同时，我们还通过丰富多彩的选修课，让学生自主选择喜欢的兴趣小组，如读书小组、美术小组、演讲与口才小组、围棋小组、文学创作班和武术小组，让学生做自己喜欢的事情，极大地提高了学生的参与度，充分发挥了他们学习的能动性。

每天利用 20 分钟的时间，集中全校师生进行体操训练，提高广大教师和学生的意志力和身体素质，在全校形成爱体育、爱活动的良好氛围。

八、通过目标管理，实现"五育并举"的育人目标

为了精准地对学生的综合素养实施有效的管理和评价，我校制定了育人总体目标，然后具体落实到每个班级的每一个学生身上。因为有了具体目标的引领，学生在学校的发展和成长就有依据可循，接下来就是如何监督学生为实现这一目标而做出合理的评价。

围绕目标管理，学校建设和学生个人成长之间增加了一条无形的纽带。基于学生的身心发展规律，很多时候，他们是很难去执行自己的计划与实现自己的目标的，学生的学习和成长需要时时刻刻的监督，在家里有家长，在学校有教师和同学。在班级建立互助互帮的对子，经常比一比，汇报一下进展，让学生习以为常。除此之外，及时的反馈和评价也非常关键，这会极大程度地影响到目标管理的执行。

构建新时代下的"五爱"育人模式

新时代学校德育需要一种适合学生励志成才、教师专业成长、学校特色发展的全新育人模式。吉林市昌邑区第七小学积极探索适应时代发展的育人模式，构建了新时代下的"五爱"育人模式。这种模式在育人方法上，以赏识和激励为主，通过形式多样、内容丰富的活动，使学生主动积极参与到育人过程中来，将德育落到实处、操作性强，推进了学校育人工作的创新发展，回归教育本色，具有较强的实用价值和推广价值。

一、"五爱"育人模式的构建

我校的发展也曾陷入低谷。学校教学设施陈旧，教师观念滞后，家校矛盾日益尖锐；周围新校林立，强校如云。面对教育现代化、信息化、国际化的高速发展，学校急需找到打破学校发展瓶颈的途径，急需一种激励师生奋进的不竭精神动力之源。

文化是学校的根基与灵魂。学校新组建的领导班子，以校园文化建设为切入点，让学校文化转化为促进学校发展的动力，成为师生成长的内驱力，时刻陶冶师生的情操，对师生的成长起到潜移默化的作用。社会主义核心价值观犹如一股春风涌入校园，我校顺势发起了"寻找丢失，唤醒心灵，服务需要"的活动。学校领导班子成员组织教师学习社会主义核心价值观，广泛发动基层教师和家长进行座谈、问卷调查，经过多方采集整理，找回了学生缺失的、能引起心灵共鸣的、教育需要的学校精神。

在当前社会背景下，我校根据习近平总书记在中国少年先锋队第七次全国代表大会上的讲话和《中小学德育工作指南》的精神，基于品德形成的内化与外显特征，围绕德育目标、内容和途径构建的"五爱"育人模式，通过文化引领、课程渗透、实践养成等途径，实现了全员育人、全方位育人、全过程育人，将社会主义核心价值观的种子根植在学生、教师和家长的心中。

二、"五爱"育人模式的实施

（一）抓建设，重熏陶，突出文化引领

站在为社会负责、为家长负责、为学校的未来负责的高度，我校依托"五爱"育人教育模式，进一步完善了学校的办学思想。

1.强化理念引领

在我校全体教职员工的不懈努力下，逐步形成"严细、精准、高效"的管理模式。我校从中华优秀传统文化中，凝练出以"智、勇、爱"为主题的校园文化，依托"五爱"教育，培育和践行社会主义核心价值观。为培养具有爱国情怀和国际视野的合格人才，我校规划了培养艺术人、文明人、儒雅人、国际人的育人发展工程。同时，选出各类先进典型，进行积极的正面引导，提升学校精神层面的力量。

2.优化校园环境

融社会主义核心价值观于校园环境建设之中，我校的教学楼是最好的展区。楼内各楼层的窗台上处处可见学生的手工作品。一件件作品，都是大家亲自动手、就地取材的劳动成果。

在班级创意设计中，充分发挥学生的主体作用，将社会主义核心价值观融入班徽、班规、班歌、班旗等的设计中，让社会主义核心价值观以生动活泼的形式植入学生心灵。在校园文化的建设中，通过亲身参与，使大家对学校的教育理念有了一定程度的认同。

（二）抓课程，重渗透，构建德育体系

课程是学生全面发展的载体，通过明确的课程目标和细化的课程内容，充分发挥课堂教学的主渠道作用，全面培养学生形成正确的价值取向、优秀的道德品质、良好的行为习惯。结合时代特征，借助网络优势，我校积极构建校本大德育课程，将"五爱"内容细化落实到具体的课程之中，融入渗透教育教学的全过程，形成全员育人、全方位育人、全程育人的立体化育人格局。

我校根据社会主义核心价值观教材将社会主义核心价值观的12个词，按"是什么、为什么做、怎么做"三个层次做成12个微视频，借助网络进课堂、进家庭、

进社区，形成一个学生带动一个家庭、一所学校带动多个社区的模式，引领大家成为有信仰、有追求、有梦想的人。

我校将"五爱"教育与学生实际相结合，衔接低、中、高三个年段，把每个"爱"，细化递进为三个层面，如将爱劳动细化为生活劳动、生产劳动、社会公益劳动，循序渐进提升养成目标。我校将行为习惯课程中10个方面的好习惯细化为48个点，做成10个微视频，细致入微，培养学生的好习惯。

（三）抓载体，重内化，强化实践育人

教育与实践相结合，是师生成长的必由之路。学校通过开展丰富多彩的实践活动，让育人模式制度化、常态化、系列化，让"五爱"精神在活动中得到内化。

1. 活动示范，强化带动

在教师中，我校深入开展团队创建活动。组织教师走进市委党校等处，交流、学习和深造。连续几年开展"过一个廉洁的教师节"活动，营造风清气正的育人环境。结合工作实际，创编了拍手歌等特色节目，以点带面，让教师心中有目标，工作有方向，人人都能忘我工作。

2. 围绕重点，实践创新

在学生中，我校深入开展"社会主义核心价值观宣讲"主题教育活动。在班级讲给同学听，登上宣讲台讲给全校师生听，在家里讲给亲人听，运用网络平台讲给全社会的人听；定期组织系列研学活动，学生自主设计研学路线，丰富研学见闻，完成研学日志；持续开展"五两保三餐""花坛认领"等劳动教育；鼓励学生参加街头义卖、走进养老院等志愿服务。经过多年的精心培育，小小的种子就会在学生心中生根发芽。

3. 家校融合，共育英才

坚持开放式办学，推动家校合作。通过自愿报名、现场竞聘的方式，组成"班级、年部、学校"三级家长委员会，让家长参与重要决策，参加各项活动，参与监督管理。持续开展家长讲师进课堂、家长足球俱乐部等活动。在一、二年级的乐学乐考中，家长参与方案制定、会场布置、现场检测的全过程。家长在

决策、管理、监督中，感受到教师的不易，增进了相互理解、相互信任、相互尊重，促进良好育人环境的形成。

三、"五爱"育人模式的实施效果

（一）学生的精神风貌发生了巨大的变化

学生在入学时大多以自我为中心，对知识的探索钻研精神不够，不会劳动，不懂得关爱他人，不懂得感恩，爱集体、爱家乡、爱祖国的意识淡薄。经过精心培育，通过文化熏陶内化精神，通过开展丰富多彩的活动，着力强化良好的习惯养成，学生的精神风貌发生了巨大的变化。学生热爱生活、懂得感恩、与人为善、明礼诚信，人人争当好少年。

（二）提高了教师的干事创业热情

我校教师也曾不明确自己的前进方向。我校教师平均年龄偏大、教师职业倦怠感加剧一直是困扰学校领导班子的难题。经过"五爱"育人模式的实施，学校培养、造就了一支有高度凝聚力、强烈精气神的队伍，培育出了一大批师德高尚、敢争排头、认真做事、和谐友善的教师。近两年，我校有多名教师被评为省级优秀教师。

（三）转变了家长的教育观念

学生入学前，个别家长的育儿观念滞后，溺爱孩子，对孩子缺乏正确、科学的引导与教育，与学校工作不能同频共振。通过组建家长委员会，成立家长学校，家长积极参与学校教育教学的全过程，学校的各项工作也因为有了家长的参与而锦上添花。

创新——学校变革的源头活水

2021年是"十四五"开局之年，也是我国"两个一百年"奋斗目标的重要时间节点。为此，迫切需要中小学转变教育观念，树立正确的教育观、人才观、质量观，不断深化教育教学改革，转变人才培养模式，增强教育的竞争力。

创新是教育发展的主要推动力，课堂是教育转型的根本着力点，教师要学会创新，内修于心，外践于行，才能上好每一堂课，教好每一个学生。今天的教育，是为第二个百年奋斗目标培养人才的教育。教育走到了一个转折点上，我们正从数量、规模的发展，转变为质量的提高。实现教育现代化将是下一个时代的核心内容，其重点是教育观念的现代化、人的现代化，所以我们要转变教育理念，培养创新型人才。

那么，什么样的人才是创新型人才呢？

首先，创新型人才要有一种奉献的精神。我们讲"立德树人"最重要的是要培养奉献祖国、奉献社会的精神。有了这种精神，品德就会端正，人格就会良好。培养奉献精神，也是培养创新型人才最重要的一点。

其次，创新型人才要学会本领，要有专业理想、专业思想。不仅要有奉献社会、奉献祖国、为人民的生活和生命做贡献的坚定精神，更要有专业本领。所以，不管做什么事，真正的本领都是基础。创新型人才既需要有理想也需要有本领。如何培养这样的人才？总结归纳起来就是：培养学生的兴趣爱好，培养学生的专业思想，让学生在活动中成长。要实现教育现代化，培养创新型人才是关键。

还有一个问题：什么是人才。过去，我们将考试成绩作为评价人才的标准，未来，我们要将学生的学习能力、创造能力、实践能力等作为评价的标准。人才是多样的、多层次的，只要他们能够走向社会，为社会做出一定贡献，那就可以被称为人才。

当然，我们希望培养出杰出人才，但不是通过揠苗助长的方式，而是要在普遍的人才的基础上，帮助学生通过学习的兴趣和教育的理想，逐渐发挥出其潜在的能力，最终成长为杰出人才。

要建立高质量的教育体系，关键在于创新。要培养学生的创新思维、创新精神、创新能力。我们这个时代就是一个创新的时代，科学技术日新月异，国际竞争日益激烈。国际竞争说到底是人才的竞争，我们要培养有创新意识、创新能力的人才。

当前的学生，是实现我国第二个百年奋斗目标的新生力量，他们生活在这个创新的时代。为了实现第二个百年奋斗目标，实现中华民族的伟大复兴，必须把创新作为教育的主线，这样，我们的人才才能立足于世界。

创新教育从小学开始就要进行，现在刚好有一个机遇，国家提出"双减"政策，减少学生的过重的作业负担和校外培训负担。据了解，"双减"政策出台后，学生不到培训机构去了，留在学校，课后服务增加了教师的负担，所以很多教师觉得非常辛苦。我觉得，要改变这种状况。"双减"政策的目的就是更好地培养学生，更好地落实立德树人，不让学生天天埋头于作业当中，使他们能够主动地、有兴趣地学习。

在"双减"政策之下，学生的负担减了，与此同时，怎样使教师的负担不会增加呢？最重要的就是把课上好。课上好了，学生在课堂上听懂了、学会了，教师就可以少布置作业，师生的负担也就减轻了。所以，学校要根据新的形势调整课程，改善教学方法，上好每一节课。让学生自行安排课外时间，教师主要做一些辅导，不把课外当作第二个课堂，否则就又会增加教师和学生的负担。教师托管主要还是指导学生，帮助学生开展一些活动。同时，我们也可以请志愿者、社区工作人员，以及非遗传承人等，到学校来开展多种多样的活动，调动社会上的各种优质资源，这样教师的负担就能减下来了。

总之，在新的形势下，学生学习要创新，课程教学要创新，教师也要创新，以适应新的时代要求。

什么是新时代的好教师？

一位在时代中不断成长的教师就是好教师，也是幸福的教师。在教育实践中，教师既帮助孩子成长，也与孩子一起成长。他们会经历什么样的过程？中国近现代著名学者王国维说，做学问有三个境界。教师的成长，也有三个境界：

第一个境界是对教育、对教师职业的正确理解，第二个境界是修炼，第三个境界是收获。

如何抵达第三个境界呢？需要四项修炼。第一项修炼是意愿。教师首先要有做教师的强烈意愿，这是教师成长的基础。一个人如果内心不愿当教师，他就不可能胜任教育工作。教育是伟大的事业，往大处说，关系到民族未来、国家兴衰；往小处说，教育关系到人的成长、家庭幸福。教师要认识自己职业的重要性，有强烈的使命感，全身心投入，要像苏联著名教育实践家和教育理论家瓦·阿·苏霍姆林斯基说的那样"把整个心灵献给孩子"。有了这样的认识、这样的信念，教师才能帮助学生不断成长。

第二项修炼是锤炼。教师遇到困难时要不断反思改进。新教师入职都有一个走向成熟的过程：如何把课讲好、让学生喜欢、让每个孩子都能听懂……新教师要向老教师学习，学习怎么备课、怎么讲好一堂课、怎么进行课堂管理。

年轻教师会遇到各种困难，年长的教师亦如此。首先，教师年龄渐增，面对的学生却越来越年轻，代沟就会不断加大，这需要教师主动去弥补。而且，今天的学生都是在互联网环境下成长起来的，具有很强的自我意识，心灵敏锐，教师的一言一行都会影响到他们，一句话可以鼓励他们，一句话也可能伤害他们。

怎么克服这些困难呢？就要不断锤炼。年长的教师要转变观念，顺应时代潮流；新教师要勇于创新，锤炼意志。教师要不忘初心，有热爱教育的定力、淡泊名利的坚守。也正如特级教师于漪所说："教师的成长和发展，最重要的是内心的觉醒，就是把日常琐碎的工作与我们未来的事业和千家万户紧密联系起来，这样，每件事情就都有育人的意义。"

第三项修炼是读书学习。遇到问题就要学习，向有经验的教师学习、向学生学习、向书本学习。今天的学生在某些方面知道的可能比教师多，教师要放下架子，与学生共同学习，组成"学习共同体"。向书本学习有两类，一类是提高职业能力。教师要学习新的学科知识，也要学习教育理论，学习中国教育史、中外教育史，以史为鉴。另一类是提高品位修养。我们教师虽然已经具备了丰富的学科知识，但依然要不断学习，如文科教师可以读自然科学，理科教师可以读文艺作品，跨学科理解，才能更好地领悟教育的真谛。

　　第四项修炼是创新。我们培养的学生是面向未来的，不能再用老办法对待新一代。人机融合会创造出新的教育模式、新的学习方式，未来教育最大的变革，是从教师的"教"转变为学生的"学"，而课堂教学的本质就是改变人的思维，通过学生的自主学习，使学生的独立思维成为优良的品质。

　　经过前面四项修炼，就到了第三个境界——收获。教师成长为成熟、优秀的好教师，受到学生的欢迎、家长的认可。看到学生成长成才，事业上有所成就，教师会产生自豪感和幸福感，这就是收获。教师的生命，是在学生身上延续的；教师的价值，是在学生身上实现的。

　　收获要经过修炼，因为教师的收获不是物质的回报，而是精神的满足。教师对儿童的爱不同于父母的爱，是对国家的爱、对民族的爱、对未来的爱的体现，是不求回报的爱。有了成就也不能忘乎所以。

文化引领　创新发展

办学是一种文化行为，教师只有真正认同学校的办学理念和核心文化，才能逐渐以此种文化作为行为准则，在日常教学和具体行动中践行办学理念，让办学理念落地。没有核心文化的指导，就不可能办成学校；没有优秀文化的指导，就不会有卓越的学校。核心文化是学校的基石，是学校发展的助力，是学校创新的力量来源。"为教师的专业发展服务，为学生的健康成长奠基"，既是我们的办学理念，也包含了我们的育人目标。为了实现这样的办学理念和育人目标，我们主要应从以下五个方面开展工作：

一、弘扬精神文化，引领学校发展

学校要发展就必须形成自己的核心文化，只有先进的、切合实际的学校文化，才能凝聚人心，建设和谐校园，保证学校的可持续发展。多年来，吉林市昌邑区第七小学一贯坚持"为教师发展服务，为学生成长奠基"的办学理念，着重突出"服务"意识。

1. 让校风成为师生的内心诉求和自觉行动

我校的校风是："励志、博学、至和、笃行。"其具体含义是：励志——有志者事竟成，每个人必须树立自己的志向并自觉磨砺意志；博学——每个人要实现正确的人生目标，必须广泛地学习实践；至和——做人要心态平和，积极上进，团结友爱，和谐共处；笃行——人贵有恒。校风八个大字，呈现在校门口最醒目的地方，提醒广大师生天天、时时、处处关照自己的内心和言行——哪些做到了，哪些需要再接再厉。

2. 坚持领导干部的模范带头作用

校长要做先进文化的倡导者和践行者，为广大教师做出表率。在此基础上，我校提出"领导干部修养十条"，细化对领导干部的要求，使学校领导干部在学校管理、课堂教学、教育科研等各个方面以身作则，发挥模范带动作用。要求教师做到的，领导要首先做到；要求学生做到的，班主任和任课教师要首先做到。从身边小事做起，严格约束自己的言行。

3.个性文化促进班级建设

先进的班级文化，是学生健康快乐成长的不竭动力。从每日一更新的"班主任寄语"到"班规""班训""组训"的建立，让学生不管是在校园、走廊里，还是教室里，都被一种积极向上的文化感染和激励着。学校政教处、团总支和文学社团也充分发挥自身的职能，开展了各种学生喜爱的以"励志"为主题的文体活动，如"感恩演讲比赛""读书伴我成长""争当科学家"等，既培养了学生的能力、开阔了学生的视野，又让学生在活动中学会了感恩，学会了做人，学会了自我教育和管理。

二、注重物质文化，保障学校发展

想要保持强劲的发展势头，必须确保资金发挥最大效益。我校坚持物质文化的发展思路，即先改善教学条件，再改善办公条件，最后改善环境条件。这一思路得到了广大教师的一致认可，并被逐步落实。

1.改善教学条件

首先，更换门窗，修整地面，粉刷墙壁，整理操场，改善了教学环境；其次，通过更新微机室设备和多媒体设备，配置大屏幕液晶投影，更换实物展台和微机，实现了"班班通"，改善了教学设施，提高了课堂效率；最后，通过购置图书，增添体育设施，更新实验设备，丰富了学习生活。

2.改善办公条件

学校为教师更新了办公桌椅和微机，通过智慧校园，建立班级博客和家校联系网页，方便教师的学习、研讨和教育工作。专任教师人手一机，拓宽了信息渠道，丰富了教学资源，提高了办公效率，为提高自身素养和课堂教学效果，奠定了物质基础。

3.改善环境条件

建设墙壁、走廊文化，促进环境育人。学校以"让每一面墙壁都会说话，都为学生成长服务"为目标，让墙壁"说话"，于无声处育人，创设了崭新的环境文化。

三、完善制度文化，促进学校发展

完善的制度、明确的要求，是广大教师行动的指南，也是一切行为的底线。制度无疑对教师具有很大的约束力，是学校统一协调管理的根本保证。

学校通过征求意见，讨论认可，形成草稿，办公会审议，最终形成学校制度试行稿。根据试行情况，再征求意见，修订完善，使其逐步适合教师的要求。每项制度的制定都要经过反复修订，充分尊重教师的意愿，体现更多教师的要求，始终贯穿"以人为本"的理念。这样的制度，尊重了教师，容易被大家接受，既有利于制度的完善，也保证了制度的贯彻落实。

未雨绸缪，建立健全学校各项规章制度，成为学校管理的一个重要组成部分，实现了由"人管人"向"制度管人"的转变。例如，《教师工作评价办法》不仅包括对每位教师德、勤、绩、能的评价，也对教学、教辅、艺体等不同工作岗位进行评价。学校逐步健全《班主任工作评价办法》《级部工作评价办法》《教研工作评价办法》等规章制度，坚持事事有人做，人人有事做，做事有评价，逐步形成了"学校一盘棋，人人有动力，个个有担子"的良好格局。

规范学生管理制度，促进学生健康快乐成长。学校先后完善了《学生综合素质评价办法》《三好、优干、优秀团员评选办法》《学生成长档案规范》等规章，进一步规范学生行为，调动学生的积极性。针对新生，政教处、团总支定期组织开展学"规范"知识竞赛活动，让学生明确学校的规章制度，规范自己的日常行为，逐步养成遵纪守法的良好习惯。

四、创新教学文化，推动学校发展

学校以开展以生为本实验为契机，不断学习先进的教育理论，积极探索课堂改革的有效途径，形成了以"学案引领，小组合作"为主要内容的"三四三"生本教育教学模式，为打造高效课堂奠定了基础。

所谓"三四三"教学模式，即学案包括预习案、导学案、练习案三部分；教学包括自主学习、展示交流、教师点拨、练习巩固四部分；课堂时间控制为预习交流不少于三分之一、教师讲解不多于三分之一、学生练习不少于三分之一。在充分发挥学案引领作用的同时，也充分发挥学生的主体作用，实现"一帮一，兵教兵"小组合作探究学习。

生本教育以"一切为了学生，高度尊重学生，全面依靠学生"为原则，提倡多角度、全方位地给学生搭建展示自我的平台。让学生尽可能多地选择自己喜欢的方式，相互交流，相互学习，以此来充分激发他们的学习兴趣，让他们能够独立自主地、愉悦地获得他们想知道的知识，做他们喜欢的事，让厌学变成乐学，让学生被动听课变成学生主动自主地听课，更有效地培养了学生的合作和创新精神。我校通过评选"明星小组""明星发言人""合作之星"等形式，调动学生自主、合作、探究的积极性，逐渐形成了"学生乐学，教师乐教，师生互学"的学习氛围。

五、传承特色文化，带动学校发展

让阅读提升师生文化底蕴。我校利用一切机会，促进教师读书活动。不管是教师节、青年节，还是妇女节，教师收到的礼物中，常常有一本自己喜爱的教育读物；我校还为每位教师订阅一种报刊，让教师的教育思想紧跟时代的发展；我校定期举办班主任论坛和教师博文大赛，为教师搭建展示平台，引领教师把学习理论和实践相结合，逐渐提升自己的业务能力。

"校园广播之声"播放的校园快讯、美文欣赏、生活小常识、精美的音乐和校园歌曲，不仅陶冶了学生的情操，更是一种教育思想和理念的传播。

在教师教的方面，我校提倡教师做一名"特色教师"，在课堂教学方面充分发挥自身特长。例如，有的教师长于阅读分析，有的教师长于作文指导，有的教师长于课件制作，有的教师长于板书板图，有的教师长于教具的制作和改良，有的教师长于书面或语言表达……我校积极发掘教师身上的特色文化，用教师的文化特色带动学生的创新发展。

我校教师指导的学生，在省市组织的科技创新比赛中取得了优异的成绩，我校也被评为市科技创新先进单位。我校推行的科技创新活动，得到了学校、家长和社会各方面的支持。

在今后的工作中，我校将坚持"文化引领，创新发展"这一基本思路，围绕"为教师的专业发展服务，为学生的健康成长奠基"这一总体目标，扎实工作，精细管理，进一步提高学校的教育教学质量。

论义务教育阶段师德师风对青年教师的作用与意义

经过不懈的努力，中国特色社会主义建设进入了新时期，当前的教育改革发展也进入了一个新的阶段。习近平总书记在中国共产党第十九次全国代表大会报告中明确提出要进一步加强师风师德建设，重视培养高素质的教师队伍，全社会形成尊师重教的舆论氛围。

一、构建义务教育阶段青年教师师德师风建设的意义和作用

师德师风建设是社会主义核心价值观的体现，也是一个学校的立校之本。对广大教师来说，在新课改形势下，努力提升教师的综合素养，使每一位教师的成长都符合时代发展对教育工作者提出的新要求，适应时代发展的需要，成为学校建设的一项重要命题。在新的时代背景下，我国的教育出现了天翻地覆的变化，在教育的变革中也随之出现了很多必然的矛盾。

全社会对教育空前重视，在教育上的投资越来越多，家庭的重心完全转移到孩子的身上。各种不正常的攀比，导致乱象丛生，给我们的教育工作带来了众多困难。针对种种价值观扭曲的现象，学校要在道德建设方面做出应有的努力，通过各种渠道、各种形式来重建社会主义核心价值体系；在学术道德建设和培育优良学风方面需要改革，引领广大教师尤其是青年教师自觉抵制急功近利、心浮气躁的思想，树立崇高的教育理念，踏踏实实工作，不慕虚名，在自己的本职工作方面做出应有的贡献。

根据吉林市昌邑区第七小学历年来师德师风建设的经验，我们可以清楚地得出如下结论：凡是在师德师风建设方面建构起比较成熟、完善的制度体系，实现了师德师风建设制度化、机制化、常态化的学校，师德师风较好；反之，则时好时坏，甚至长期不佳。

在新的时代背景下，要建设一支让人民满意的师资队伍，切实关注、关心和关爱青年教师的成长发展，就必须在青年教师师德师风建设方面做出明确的要求。我们要探索一条长效之路，确保师风师德建设在我校取得扎实的效果。

师风师德建设的长效机制需要耐心细致地规划，需要全校上下共同重视。

实践证明，师风师德建设在全校的师资建设中非常重要，尤其是对于青年教师的成长，可以起到引领作用，避免他们在工作之初误入歧途，可以让他们少走弯路。师风师德建设是整个学校的灵魂，决定了学校的教学质量，也是衡量学校建设的一项重要依据。如何在全校内部形成重视师风师德的舆论氛围？要把师风师德建设作为学校的一项重要管理内容开展实施，使其具体化、细化、可操作化，使师风师德建设成为可以看得见的实质性工作，把实施师风师德建设当成一项硬指标来抓，在我校真正深入持续地开展下去。

建立先进的师风师德工作小组，主抓师风师德建设，使师风师德在我校能够协调有序地发展。要充分发挥青年教师的骨干作用，在他们中抓典型，树立良好的师德师风形象，作为全校的楷模和道德标兵在全校进行表彰，表扬青年教师在师风师德方面的成就。也可以把老中青教师的典型事迹进行总结表彰，在全校进行推广宣传。这样师风师德建设在我校就成为一项传承有序、继往开来的重要工作。

二、义务教育阶段青年教师师德建设长效机制的基本内容

建设师风师德的长效机制，要在青年人当中树立崇高的职业理想，让他们切实肩负起立德树人以及教书育人的神圣使命和光荣职责。我们全校广大教师要深入贯彻教师职业道德规范的基本要求，组织开展多种形式的师风师德建设活动，明确师风师德的具体要求，掌握教师职业标准，用规范的言行来指导自己的行为，做一名合格的人民教师。

深入贯彻师风师德的具体要求。我们要求广大教师严格自律，廉洁从教，不收受礼金，不违规乱订教辅材料，不参与课外辅导增加学生的负担。同时，教师要坚决杜绝有损青少年身心健康的言行，关心爱护每一名学生，保护他们的合法权益不受任何侵害，切实履行人民教师的神圣职责。

我校定期开展全校教书育人楷模和师德师风标兵的评选活动，大力宣传优秀教师的先进事迹，形成良好的校风、校纪、校貌，鼓励青年教师爱岗敬业，不断深入学习，成为专业上的佼佼者。

为了切实落实我校师风师德建设的长效机制，在学校内形成良好的师风师德舆论氛围，我们在以下几个方面做出了尝试和努力：

（一）学习教育机制

学习教育机制是义务教育学校青年教师师德师风建设长效机制的重要内容之一。

构建师风师德长效机制，首先要建构科学有效的学习制度，把师风师德建设作为学校的一项重要管理内容来抓，使师德师风的学习常态化，真正融入广大教师的学习、工作和生活之中。反复学习《教师职业道德规范》的内容，对师风师德的具体要求熟稔于心。在不同的时期和特殊的历史条件下，我们要用发展的眼光来审视师德师风的知识内容，展开深入、细致的学习，这种学习不能局限于职业道德规范的具体条款内容，师德师风的相关要求也应作为学习的内容。

构建青年教师师德师风学习教育机制，要联系青年教师专业知识、业务知识的学习，要联系青年教师的晋升、深造和发展，要联系青年教师学习、工作和生活的具体实际，特别要注意结合他们的个性化学习方式和现代化学习手段。

（二）示范引领机制

师德师风建设既关系到个人，更关系到集体；既是个体性要求，更是群体性目标要求。

师德修养是一个亘古不变的主题，品德修养自古以来就被看成师者的毕生追求，古代的儒学大家，无不注重自身的道德修养。今天，我们更加重视师德修养对学生的影响，这就要求广大教师要不断学习，提高自身文化和道德修养，以德立身，以德立命，以德立学，成为学生的表率。

构建示范引领机制需要抓好以下两方面工作：

一是校内、校外典型事迹示范教育相辅相成。把全国甚至世界范围内的优秀教师的典型事迹作为全校学习的典范，通过学习典型事迹的汇报会和集中培训的专题会议来致敬教育行业内的楷模。同时，我们也要制定、完善校内遴选制度，对于校内表现优异的教师，要给予鼓励，让他们的事迹发挥重要的引领和带动作用，使全校都以他们为榜样，以他们为荣，在全校乃至全市大力宣传他们的事迹，发挥其带头人的模范作用。

二是要注意示范引领的方法手段要多种多样，按照一定的要求做好规划工作。在过去的人物表彰大会上，报告会总是以约定俗成的方式来开展，缺乏创意和创新，模范和引领示范作用没有得到有效的发挥。青年教师个性独立，喜欢标新立异，对新鲜事物有着敏锐的捕捉力，他们站在时代的前沿，能够熟练地运用微博、QQ、微信、抖音短视频等新事物。我们在构建示范引领机制的过程中，可以通过微信短视频的形式开展空中课堂等，进行教育宣传工作。

（三）激励约束机制

激励和约束是两个相互促进、相辅相成的要素。

一种制度或机制要想得到长远的发展，先要具备一定的激励和约束。如果没有了监督和约束管理，那么这种机制到了一定阶段就难以为继了，也很难再发挥其应有的作用。师德师风建设对青年教师提出了很高的要求。广大青年教师，需要不断更新知识系统，以适应时代发展变化对自身的考验，来应对复杂的教育环境，来应对学习、工作和生活中的压力。为了让他们自觉加强师德师风修养，我们需要建立起行之有效的激励和约束机制。

在青年教师师德师风建设的过程中，我们主要从下面两个方面做起：

一是利用有效的制度来约束和规范青年教师的师风师德。加强青年教师队伍建设要同师德师风相关要求的各个方面结合起来，建立健全制度体系。学校和上级各个部门互相配合，利用有效的奖惩措施，软硬兼施，双管齐下，把努力提升道德修养和职业素质结合在一起。青年教师要自觉践行师德师风方面的有关要求，不断进行自我反省与反思，用积极的人生态度面对现实，不慕虚名，不好高骛远，不贪图荣华富贵，甘于平凡，这样才能用自己的言行去教化学生，用自己的人格魅力去感染每一位学生。

二是通过一定的奖评奖励机制调动青年教师的积极性。任何一项建设如果不能充分发挥和调动人的积极性就等于无本之木。在师风师德建设中，要切实满足每一位教师发展的需求，从多个方面考虑每一位教师合理的利益与权利，包括物质的和精神的多层要求，这样教师就多了一份自觉性，会主动在师风师德方面自觉响应，并且不断对自己提出更高的要求。在建立奖励和奖评机制的过程中，师德师风是一项重要的考核指标，是教师年度考核、岗位聘任（聘用）、职称评审、评优奖励的重要依据。建立健全青年教师师德考核档案，实行师风师德"一票否决制"的原则；同时，进一步完善师风师德的评价内容，改进评价的方法和手段，使其规范化、科学化、标准化，坚决杜绝学术不端行为的发生，加强预防查处机制，探索一套兼顾学校、教师、学生、社会多位一体的师德监督体系；重视对师风师德表现优异的青年教师进行重点培养和表彰奖励，对师德表现不佳的教师，要及时进行劝诫、督促整改，对师德失范的教师，要严格依法依规做出严肃的处理。

（四）考核评估机制

青年教师师德师风建设，是一项内容极其丰富、情况非常复杂、涉及面非常广的工作，而且要长期持续进行。从某种意义上说，师德师风建设只是刚刚开始，永远不会结束；一直在探索中，而没有终点。为了在我校有效有序地开展师风师德建设，力求做到深入人心，对其精准地进行监督与评估，我们要不断地反思，找准工作中的不足，进一步改进和完善工作方法；我们要建立一套符合学校实际情况的师德师风考核评估体系。这种考核评估是为了扎实有效地对青年教师实施奖励和督促，发挥其积极的导向作用。考核评估青年教师的师德师风需要做好以下几点：

首先，要建立考核评估的科学指标体系。义务教育学校青年教师的师德师风建设的目标要求中的有些内容是可以量化的，有些内容则不宜量化。从一定意义上来说，义务教育学校的青年教师师德师风建设应有更高的目标要求，尤其体现在对学生的示范引领上。因此，制定考核指标必须从义务教育学校青年教师的具体要求和各方面的具体实际出发，突出科学性和针对性。

其次，考核评估过程要有长远的打算和阶段性的调整，将过程性原则与发展性原则相结合，要符合科学发展观的要求。师德师风建设是一项长期而又艰巨的任务，非一朝一夕之功，也有自身的局限性和目标性。由于个体的差异性和人的主观能动性，在考核过程中，要坚持将过程性与发展性相结合，这样才能发挥考核的实质性作用。

最后，要通过有效的反馈机制和沟通渠道来促进师风师德建设目标的高效实现。考核评估只是手段，而不是终极目的，在工作中，要因人而异，注重人性化设计，达到为人服务的目标。在具体的师风师德构建中，可以通过考核评估总结成绩，也要通过考核评估找到问题和差距。考核评估的情况要公开、公正、公平、及时地反馈给青年教师，让他们对自己的师德师风状况有清楚的认识，尤其是要发现当前自身存在的困难、问题和差距，以利于其今后更好地工作。

（五）监督保障机制

没有监督，单靠青年教师个人的自觉不足以使其自觉践行师德要求、形成良好的教师风范，也不足以使义务教育学校的师德师风建设取得应有的成效。

建立青年教师师德师风长效评价机制，依赖于监督机制的建立和完善，对此，我们主要应在以下两个方面做好实质性的工作：

一是注重社会舆论监督的作用。学校是培养人才的地方，受全社会、各阶层人民的广泛关注和期待。所以社会各界也相应地对师德师风提出了更高的要求，这是一种外力的介入。同时，一种有效的监督机制在发挥作用，正是舆论监督的重要体现。

二是注重师生之间的互相监督作用。在学校里，教师与学生之间的关系密不可分，在很多方面可以形成有效的监督，互相促进，互相制约，从而达到较好的监督效果。另外，我们对青年教师的师德师风建设也做出了具体的要求，制定了一系列严格的标准。这些要求有的呈显性，有的呈隐性，校内师生舆论监督机制就是要通过教师互评、师生互评等各种方式，营造一种舆论压力，通过舆情来约束教师的行为，同时也使之成为一种现实的约束力量。

三、构建义务教育学校青年教师师德师风建设长效机制的方法路径

我校坚持进行师德师风建设，就是考虑到这是一项长期而又复杂的工程，既要营造全社会共同参与尊师重教的良好氛围，又要在教师内部养成自觉履行廉洁从教的意识，广泛宣传师风师德的有关精神，做好政策上的引领，深入学习和实践师风师德方面的具体要求，打造清正廉洁、让人民满意的教师队伍。

立足当前，着眼长远，统筹安排，精心实施。为了让我校的青年教师带头示范，在师风师德方面打开良好的局面，结合我校当前的实际情况，笔者在此提出如下思路和建议：

（一）清楚地认识和把握义务教育学校对青年教师师德师风建设的总体要求

组织广大教师尤其是青年教师经常开展师风师德学习讨论会，集中研读中央和教育部发布的最新的与师风师德建设相关的纲领性文件，深入领会文件实质并与当前的工作相结合，根据文件要求，构建我校相应的具体要求与实施办法，着眼于整体和长远，具体情况具体分析。

青年教师不仅要成为学生的良师，还要成为他们的益友，这是师风师德的具体体现，也是最精华的内容。青年教师既要在师风师德的框架下认真履行教师的职责，还要做好对本职工作的规划，准确把握师风师德建设的标准，不做出格和越格的事情，规范自己的言行，在思想、道德、学习和为人等方面成为学生的表率。榜样的力量是无穷的，教师应该用良好的行为去感染学生、影响学生，对他们的人格形成起到促进作用。具体而言，需要注意三点：

一是要结合我校的校情和广大教师的能愿度，做好风师德的传承。自古有云：学高为师，德高为范。"学高身正"恰恰是对教师师德方面的要求，可见，自古以来，人们就对教师这一行业寄予了极高的希望和要求。所以，在原有的制度框架内，我校将师风师德建设作为重要的内容补充到学校建设的框架内，而且建立了相应的评估机制和反馈机制，使得我校的校风校纪进一步得到全面改善，使不良风气得到净化。

二是要根据本校师生当前的实际情况，以人的发展为前提与基础，充分发挥人的能动作用。特别是要根据青年教师的特点，在充分尊重他们的人格的基础上，针对不同学科的教师，提出了更加细化的要求。这些都需要我们进行认真分析后，有的放矢地加以落实。

三是帮助青年教师正确理解"自我"与"他我"，在师德师风践行中顾全大局，摒弃短浅的"小我"意识，懂得个体与集体的利益息息相关，在重要的关节上始终维护学校的利益。"自我"道德要求是教师作为社会中独立的个体所展示出来的最本质的需求；而"他我"的道德标准超越了普通人的道德要求和标准，是以他人的角度去看待问题，就是换个角度去考虑问题，站在他人的角度审时度势，这就超越了狭隘的"小我"。但是又不能因此而忽视或者否认青年教师的个性和价值追求，我们要帮助这些青年教师正确理解和把握师德师风践行过程中"自我"与"他我"的差异，及早找到自己的立足点，又能充分考虑大局和大体，在师风师德方面周到、全面地考虑问题，让自己尽快成熟起来。

（二）建立师德师风建设长效机制和管理系统

我们在构建这些制度体系时，既要兼顾整体性目标，突出重点，又不能顾此失彼，丢了西瓜捡芝麻。同时，在设计和建构师风师德的具体制度时，要注重制度之间的横向和纵向联系，前后内容既要相互补充又要整体统一，处理好长期与阶段、整体与局部、理论与实践的关系。除此以外，制度体系建构会受到很多方面的影响，师德师风建设的制度尤其要与其他方面的制度体系相衔接和协调，因此，在具体建构师德师风制度体系时，就要分类分步骤来实施。具体来说，一方面，要站在对祖国和人民负责的高度，充分认识师德师风建设的重要性，在学校内外通过宣传教育、事迹汇报等方式，在全校教职员工和学生群体之间，乃至全社会形成共识，营造所有人共同关注师德师风建设的舆论氛围；另一方面，要在其他各种规范制度之中体现师德师风建设的相关要求，发挥互补互助作用，在校园的文化建设与制度建设中找好平衡点，绝不让任何人钻空子。

此外，在分类分步建设师德师风的具体实践中，既要考虑广大教师的利益和实际情况，又要兼顾制度的严肃性。对于特殊群体，要有针对性地扶持政策；同时，对典型的顶风违规的同志要进行严肃的处理与批评。

（三）充分发挥专家优势与青年教师的主体作用

师德师风建设既需要专业上的指引，也需要科学性的规划。在建设的过程中，既要考虑人性的需求，又不能凭主观臆想；做事不要搞一言堂，必须做到群策群力、共同研商，发挥集体的优势，把制度建设为人服务的宗旨彻底落实到每一个人。对待青年教师，既要鼓励扶持，也要在他们的工作中进行细致的指引和引领，让他们尽快进入角色，用师德师风的高标准来要求他们适应千变万化的教育形势。育人先要正己，只有做好了自己才有可能教育别人。要发挥名师的示范作用和德育专家的优势，通过老教师的传、帮、带和德高望重的名师的言传身教和行为示范影响青年教师，还要善于在青年教师中进行长期挖掘和培养，树立一批师德师风的先进典型，影响和带动其他青年教师。在设计考核评估指标体系等工作中，充分发挥管理学、心理学等学科专家的优势，让我们的政策制定有支撑，政策执行落实有基础，目标管理与考核更有效，做到奖励惩处有依据。不断拓展青年教师的提升发展空间，在工作中对青年教师要"宽严相济"，使他们有机会、有信心通过自身的努力和奋斗成为一名优秀的教师。

在义务教育学校的校园中，青年教师师德师风建设是非常重要的，青年教师是师德师风建设中的主体力量。通过各种渠道和手段，既要促进他们专业上的成长，也要关注他们人格上的成长；从师德修养方面着手，提升他们的综合素养，使其成为家长和学生愿意信、信得过的贴心人。通过青年教师座谈会，倾听每一位青年教师的心声，接受他们对于校园建设和管理的意见和建议，使他们成为制度的建构者和实施者，掌握自己的前途与命运，为吉林市昌邑区第七小学的总体建设不断注入新鲜的活力。

树德正风 率先垂范

——师德师风建设

教师岗位具有特别重要的意义，具体体现在：保持良好的师风师德，保持教师事业的神圣职责，做到让人民满意、让社会满意、让国家放心。

"百年大计，教育为本；教育大计，教师为本；教师大计，师德为本。"众所周知，师风，就是指教师的行为作风，具体体现为：教师热爱本职工作，热爱教育事业，关心学生成长，尊重学生人格，为他们的健康成长服务等。师德，指的是教师的职业道德，具体来说就是一名教师应具备的最基本的道德素养，包括爱岗敬业、教书育人、为人师表、诲人不倦等，这些都是师德的具体体现。师德师风是对一位教师综合素质的要求，对学生将会产生长期的影响。

维护教师的良好形象，使其能够在教育岗位上表现出最基本的道德素养，是我们每一位教育工作者目前亟须思考和解决的事情。作为教师，要先考虑学生的利益，只有让学生真正学到知识，让他们将来能够学有所用，才是我们的出发点，这也是笔者理解的师德。把师德师风的力量传达下去，深入下去，是我们当前工作的重中之重。

首先，我们每一位教师都要树立崇高的使命感，既要热爱自己的本职工作，又要具备强烈的责任心和事业心，只有这样，我们才会积极主动地投入工作当中，精心备好每一堂课；才会自愿投入大量时间，成为学生学习的向导和领路人；才会公平无私地对待每一名学生，无私地把知识和能力奉献给学生，完成传道、授业、解惑的任务。教师的这种投入与奉献，是会不断得到回报的，但可能需要一个长期的过程才能得以体现。这个过程是幸福的，教师能够与学生共同成长，一路上风雨相随，共同学习和进步。教师与学生之间的微妙关系将会直接映射到学生未来的人生选择，潜移默化地对他们施以重要影响。

其次，教师应该设法走进学生的心灵，放下教师的架子，走到学生身边，和他们促膝相谈，经常与他们聊家常、聊生活、聊未来，谈论生活中的大事小情。这样学生才更愿意与教师在一起，更愿意敞开心扉，把自己的喜怒哀乐与教师分享。在解决生活问题和学习问题的良好氛围中，学生获得了润物细无声的教育。

在长期的教学工作中，笔者注意到这样一个现象，那就是学生越来越大后，父母对他们的影响力越来越小，而他们更愿意与同龄人分享和接触，有的时候连教师都越来越不了解这些学生了。这时，教师适当地介入和调节学生的学习和生活，就可以扭转家教剥离的现象。我们应该从心理建设的角度出发，主动与学生建立信任和被信任的关系，关注他们的思想动态，成为他们信任的朋友。这样，学生无论什么时候遇到棘手的问题，都会积极主动地咨询教师的意见。

最后，教师在平时的工作中，要学会遇事冷静沉着，不要轻易发火，也不要靠所谓的威严处理事情。无论什么事，都要尽可能公平合理地处理，对所有学生都要一视同仁，唯有这样，才能在学生中树立威信，做到不怒自威，让学生由衷地尊敬和爱戴。

爱人等于爱己，教师要帮助学生平稳度过最重要的时期，从而体现自身的价值。现代社会，有些学生什么物质都不缺，缺的是家庭成员之间的信任和理解，缺的是人与人之间的体贴和关爱。尤其是随着生活压力的与日俱增和离婚率的上升，留守儿童和单亲家庭的学生越来越多，这些孩子在成长的关键期，缺乏家人的关爱和人生的指导。遇到这样的学生，教师应在生活上关心、照顾他们，经常、及时地对他们进行家访，了解他们生活中的实际困难，替他们解决具体的生活难题。在学习上真诚以待、热情鼓励，在课堂上多多鼓励他们，课下及时与他们聊天，发现他们在学习过程中遇到的困难，找时间给他们补齐短板，让他们克服困难，树立学习的信心。

教师是一份艰辛而富有挑战性的职业，既然选择了这一行，就要无怨无悔。俗话说：三百六十行，行行出状元。工作再平凡，做出不平凡的事就是伟大的。教育事业被誉为"世界上最伟大、最神圣的事业"，教师被誉为"人类灵魂的工程师"。教师一生默默无闻，却做着"世界上最伟大的事业"，这种责任担当是这份职业赋予的，只有担负起这份责任，师德师风才能得到具体的体现。

子曰："其身正，不令而行；其身不正，虽令不从。"这句话说出了教师对学生的影响是巨大的，起着表率的作用。所以，教师想要得到学生、家长、社会和国家的认可和好评，就要在师风师德方面严格要求自己，坚决做到师德表率，成为社会风尚的标杆。

加强师德师风建设 凝聚积极向上力量

我从教多年，在教育一线勤勤恳恳，一路走来，风雨兼程。我一直记得孔子的教诲："其身正，不令而行；其身不正，虽令不从。"我们教师的重要性不言而喻，如果没有教师的助力，任学生翅膀再硬，跑道再平坦，学生依然会步履蹒跚，一路跌跌撞撞。教育形式再好、艺术性再强，都是无本之木、无源之水。教师的一举一动、一言一行、一思一想、一情一态，都清晰而准确地印在学生心灵和脑海里，这就是润物细无声的效果，这种影响会一直渗透到他们未来几十年的生活与工作中。

每个人都有自己的职业梦想，我也不例外。我是一名普通的人民教师，从教至今已经有三十几个年头，我深深地感到，虽然教师的物质生活相对清贫，但精神生活却无比富有。每当看到那一双双纯真无邪的眼睛，一张张热情洋溢的面容，我就觉得心潮澎湃，浑身充满了力气。这是一片神圣的地方，这是生命得以绽放升华的三尺讲台。我们虽然做着默默无闻的工作，但也在华夏的大地上倾注了自己的赤诚之心，虽平凡，却收获了学生给予的幸福！教师用自己的光和热，照亮了一片天地。课堂内春风化雨，课堂外欢声笑语，点滴之间，学生得到了潜移默化的熏陶。他们的性格、身体、心理都得到了很大程度的升华，越来越具有人格魅力，这都是教师职业道德的折射。

教师的职业是平凡的，也是琐碎的；教师的生活是清贫的，也是幸福的。和学生在一起，我们就会每天满脸笑容。职业的自豪感和幸福感正来源于我们每天平淡无奇的生活。和学生在一起，我们能够感受到天真无邪的快乐，让我们的身心更加年轻。教师犹如辛勤的园丁，培育着祖国的花朵，若有朝一日，看到桃李满天下，怎能不心生幸福和喜悦？

一位同行曾经对我说："教师这个职业太辛苦了，继续做下去没有什么意思，简直是在浪费大好青春！"他确实说出了教师这个行业的辛苦与心酸。然而，作为一名教师，我不仅守着一份相对安宁的生活，而且享受着一份简单的快乐！

一位多年不见的朋友遇见我，问道："你的薪水高吗？待遇不错吧？"可是，即使是再关心我的好友，也无人问过："你幸福吗？"

我幸福吗？是啊，在教育行业工作了这么多年，我从来没有考虑过这个问题。我认为，既然选择了这个行业，就应该义无反顾、无怨无悔地投入。教师岗位虽然平凡，但是在平凡的岗位上做出了不平凡的事情，那这就是不平凡的。

当然，你完全可以选择爱自己身边的亲人和朋友，并且从中获得幸福。但当你一旦成为教师，就多了一份责任，就有了许多牵挂。这是一份以爱为主题的职业，要全身心地包容学生身上的优点和缺点，习惯与他们一起生活、学习。

多少次，当我发现我的学生获得哪怕一点点进步时，我都在内心为他们鼓掌喝彩！这种巨大的满足感足以让人忘记一切烦恼。多年的工作经历告诉我，干一行就要爱一行。教育是一项伟大的事业，既然选择了它，就应该以无私的精神忘记"小我"，用自己理智的爱去唤醒学生内心深处的力量，获得学生的喜欢和爱戴。

在我的职业生涯中，最大的感触就是要学会用心去爱护、用爱去感化每一颗幼小的心灵。我遇到过形形色色、性格各异的学生，他们有的很顽皮，经常搞恶作剧；有的经常违纪，而且屡教不改，一直让我感到很烦恼。这些情况经常困扰着我，让我感到教学工作真的很难。迷茫中的我一度找不到解决问题的突破口。后来，我在学习培训中与其他教师交流，学习了他们先进的方法和经验，然后试着在具体的教育教学工作中进行实践，进行各种尝试与探索，慢慢地学会了解决问题的基本方法，让学生重新开始学习，逐渐纠正了他们身上的毛病。看到他们的进步，我真的由衷地为他们感到高兴，也感觉到了自身存在的价值，这让我更加喜爱自己的职业。教师就应该成为学生遇到困难时的领路人，成为他们坚强的靠山。作为教师，就要用真诚的心去拥抱每一个学生。在与学生朝夕相处的日子里，我始终把自己当成他们的朋友。在他们遇到问题的时候，总是想着如果我是他们，该怎么去解决这些实际问题和困难。从另一个角度，我慢慢地理解了他们，掌握了与他们相处的方法。在多年的教学工作中，我总结出了要多一分宽容、少一分苛求，多一分理解、少一分指责，多一分尊重、少一分中伤。我坚信，爱是融化坚冰的阳光，总有一天会照到每个学生的心田。

寒来暑往，日复一日，年复一年，每一位教育工作者都这样默默地奉献着自己。既然我们已经选择了这个职业，就要无怨无悔。当我清晨迎着朝阳走进校园，耳边响起一声声清脆的问候："老师好！"；当我踏上神圣的讲台，目光所及，皆是一双双渴求知识的眼睛，一颗颗纯真无邪的心灵；当我下课后，看到一个个生龙活虎的身影，还有一张张笑靥如花的脸，此时，我感觉自己的所有付出都是值得的。

当今社会，知识呈现出快速增长的趋势，为教育赋予了全新的内容，教书育人的工作已经不再是简简单单地传授知识，更重要的是要教导学生具备生存的能力。教师在做着今天的事情时，也要想好明天的事情，面向未来、面向世界、面向全体学生，做好今后的教育教学工作。我们要千方百计地培养学生扎实的自学能力和独立的思考能力，探求新知欲望、动手实践的能力和创新能力。

教师应以平凡教育工作者的身份投身到教育改革的前沿，与时俱进，改革创新，不断地丰富自我、完善自我、发展自我，赢得学生和家长的尊敬，得到社会的广泛赞誉，努力实现自我的育人理想。

一个人的生命是有限的，而我们的教育事业是常青的。我愿意让自己的生命在学生身上延续，让自己的价值在学生身上体现。在这三尺讲台上，阅历春秋，苦苦耕耘，用自己的爱心、诚心、细心、耐心去换取学生的开心、家长的放心、祖国的振兴！

让崇高的职业理想引领教师的
专业化成长

教师被称为"太阳底下最神圣的职业"，教书育人是人民教师朴素而又崇高的理想，是教师无私奉献、开拓创新的根本动力。第八次全国基础教育课程改革犹如徐徐春风，为中国的教育注入了蓬勃的生机和活力，更为千百万教师的发展带来了前所未有的机遇。新课程迫切需要教师具备更加崇高的职业理想，更加专业化的知识能力和更加健全完善的人格品质。教师要做研究者，要焕发出新的生命，与新课程同行，与学生共同快乐成长，实现自身的专业化成长，成就自己的教育人生和美好未来。教师要做到以下几点：

一是要审时度势，自觉实现研究者角色的转变与定位。在历史长河中，从集哲学家和教育家于一身的孔子、苏格拉底，到专门思考教育问题的教育研究者夸美纽斯、洛克，再到大学中专门的学术研究机构，教育研究的主体历经变迁。在步入信息化社会的今天，现代教育提出将"教师成为研究者"作为教师专业化的策略。在这种"研究式的教学"中，教师在教学中研究，在研究中教学，当教师从自己的研究中找到有效的教学与管理策略时，种种教育问题将迎刃而解。在这一过程中，教师既收获了看得见的科研成果，又促进了教育质量的提高；不仅提高了知识水准和研究能力，更重要的是树立了教育理想，拥有了教育情怀，激发了教育热情，磨炼了创新精神和意志，最大限度地实现了人生价值。因此，我们要正确认识教师角色转变的历史必然性和现实意义，自觉实现研究者角色的定位与转变。

二是要与时俱进，努力适应研究状态下的专业生活方式。如果我们把教育科研看作一种生存态度、一种专业生活方式，那么就会树立全新的研究意识，将教育、研究、学习和反思融入自己的生活。把研究和自己的教学实践紧紧地联系在一起，就会真正走进属于自己的教育教学研究领域，有感而发，由思而做，成为科学研究的真正主人。

三是要科学规划职业生涯，在不断的自我超越中成长。教师的专业发展是一种在外在价值引导下的自我完善过程。教师的自主发展意识是关键，这种意识既有对职业角色的正确认识，又有对专业生活的感悟，还有对自我成长的规划、设想和反思。要在对自己专业发展过程进行全面客观的总结、分析、评价的基础上，正确认识自己现在的发展水平，清楚自身的专业差距和努力方向，并围绕专业化标准和学校发展的具体要求，规划和设计自己未来的专业发展目标和步骤。在付诸行动的过程中，不断战胜困难、更新观念、提高认识，进一步修正、完善自己的规划设想，实现自我超越。

四是要持之以恒，在终身学习中提升自我。教师要适应现代教育的要求，坚持学习现代教育理论，具有教育科学、心理科学、教育发展史、学科教学论等方面的知识，懂得教育教学活动及学生的身心发展规律，树立现代教育观、人才观、教育质量观；要通过阅读教育经典理论，更深入地感悟教育、理解教育、诠释教育，更深入地走进教育科学研究。学校要把国家的分级培训、教师的自主研修、合作研修有机结合起来，构建教师专业发展信息化"大课堂"，提高教师的信息素养，并鼓励教师在教学活动中，积极主动地使用信息技术，提升自身的应用能力和水平。只有不断更新知识结构，拓宽知识层面，我们的教学环境才能充满生机，富于时代气息。

五是要努力实践，加快专业化发展进程。实践是最好的课堂。教师要善于从自己的教学实践和周围发生的教学现象中进行多角度的自我反思，树立"问题意识"，在实践的矛盾和困惑中发现问题，在对理论的学习与研究中发现问题，深入研究实践中急需解决的问题，增强"研究意识"，养成学习和反思的习惯。在研究中，教师要勤于思考，勤于动笔，善于积累，随时随地记录灵感，灵活地运用教育叙事、教育随笔、教师日记等教育科研原始积累的方式方法，将日常教学工作和教学研究融为一体，不断提高自身研究和解决实际教学问题的能力，在研究状态下实现自身的专业化成长。

助力青年教师加快成长步伐

成为优秀教师，是每一个有志于教育事业的教师的终极梦想，无数的教育工作者都为实现优秀教师的梦想而艰苦地工作着。怎样才能成为一名优秀教师呢？

由于教育具有动态性和拓展性，因此教育技能和素质只有在教育教学实践中才能得以不断提高。教师的专业成长虽然在很大程度上受教师所处环境的影响，但更重要的是自己的心态和作为。如何架设自己专业成长的通道，是摆在每一位教师面前的重大课题。吉林市昌邑区第七小学的做法主要包括以下几个方面：

一、加强完善师德修养

"百年大计，教育为本；教育大计，教师为本；教师大计，师德为本。"合格的教师必须具有高尚的师德，师德的升华在于高尚的人格。我们要求教师在心理、性格、气质和能力等方面严于律己，做出榜样。孔子曰："其身正，不令而行；其身不正，虽令不从。"因此，我校十分重视教师的思想政治工作，加强对教师的师德师风教育，落实各项教育法规的学习制度，依法治教、依法治学，弘扬敬业爱岗精神，建立相应的激励机制，使我校全体教师都能热爱教育事业，教书育人，为人师表。

要让教师拥有正确的教育思想，懂得新时期教师应具备的职业道德。学校要认真组织教师学习。近年来，我校围绕专题研究，认真进行学教活动。学习中国共产党第十八次全国代表大会以来历次重大会议的精神和全国教育工作会议的精神，领会党的方针、政策，进一步端正办学方向和教育观念。全面分析理解"科学发展观"重要思想，使全校教师切实将教育事业与科学技术发展紧密结合起来，坚定政治信仰，提高思想觉悟，明确个人价值取向；通过对教育方针、政策、法律法规的学习，坚定教职工的责任感、使命感，增强师德修养，提高执教水平。

组织教师观看专题片《师德启思录》，学习教育家陶行知先生"捧着一颗心来，不带半根草去"的精神，激发教职工奉献教育事业的激情。举办《教育法》知识讲座，开展"甘于奉献，做优秀教师"的演讲比赛，坚持"文明办公室"评选活动，这些活动促进教师形成敬业爱岗、积极向上的精神风貌，促进了学校两个文明的协调发展。

二、积极开展研究性学习，促进教师素质全面提高

研究性学习是一门以解决问题为核心的实践性课程，其落脚点在于知识的综合与应用；教学资源不局限于课堂，而向社会开放；教师在其中处于指导地位，学生是学习的主体。因此，这门课程要求教师具备的知识与以往各位教师从事学科教学所需要的知识有显著区别。以往学科教学要求教师拥有的知识，主要由专业知识、教育学、心理学、教材教法等要素组成，其中，专业知识居于首要地位。在研究性学习中，教师除了要巩固原有知识以外，还要有针对性地"充电"，这些急需补充的知识主要有：与研究性学习相适应的教育教学理念、常用的信息技术、常用的科研知识、学生心理知识等。

研究性学习使教师的角色发生了根本性的转变，教师成为学生学习的组织者、参与者、帮助者、引导者、促进者、设计者、合作者，成为课程的研究者、开发者、决策者。这种角色的转变，对教师的教学能力提出了更高的要求，研究性学习需要教师具备多方面的教学能力，而这些能力只有在不断的学习和实践中才能得到提高。这些能力主要包括创新教学设计的能力、指导学生学习的能力、教学预见的能力、新知识汲取的能力、理性思维能力、应用信息的能力、创造性反思能力、合作性教学的能力、综合评价的能力。总之，研究性学习对教师的知识和能力提出了前所未有的要求，因此，不断提高教师指导研究性学习的能力，可以有效地提高教师的素质，促进教师的专业发展。

近年来，研究性学习作为基础教育改革的重头戏，在我校得到了有效实施，我校十分重视提高教师对研究性学习的指导能力。广大教师通过学习和实践，确立了与研究性学习相适应的"鼓励创新和实践，学会欣赏学生"的教育教学理念，掌握了网络技术、计算机软件应用技术等教育技术手段；掌握了观察法、调查法、实验法、文献法、比较法、经验总结法等教育科研方法，并能指导学生有效运用这些方法进行学习；能认真研究学生在研究性学习中的心理特点，

提高研究性学习指导的有效性。

三、加强校本研究

（一）开展课题研究

基于校本的课题研究，应以教学改革过程中遇到的问题为研究对象，通过"发现问题—查阅资料—编成研究方案—根据方案去行动—反思总结"的基本流程，围绕同一专题，进行多次、多人的反复研究，探寻教学对策，逐步解决问题，从而提高教师实施新课程的能力。其优势在于：

（1）研究的问题来源于教师、教学之中，以"面对真问题，展开真行动，获得真发展"为目标，教师兴趣浓厚，参与热情高，可以有效地促进教师对教育规律的认识、对教育技巧的把握，强化教师的教育科研能力。

（2）克服了以往个人从事课题研究的局限性，变得有针对性、有目标性。学校可以组织教师以学科组、年级组、教研组为单位展开研究，也可以让教师自由组成三五个人的小团队进行课题研究，这样的组合成员间更熟悉，更加志同道合，极易收获意想不到的成果。将零星的研究成果整合在一起，将深造、教研、课改相结合，培养教师的团队合作精神和团体意识，使学校真正成为一个有实力的教科研团体。

（3）课题组的教师一同商讨，互相交流和分享经验，得出大量有效的成果，可以共同解除困惑，也可以共同享受成果，小组成员互帮互助、互相学习、互相进步，共同成长。

（二）落实校本教研制度，引领教师专业发展

校本教研是一种理论指导下的实践性研究，它既注重解决实际问题，又注重概括、提升、总结经验，探索规律。自我反思、同伴互助、专业引领，是校本教研的三大要素。

自我反思：教师对自己的行为进行思考、审视、分析，结合教师专业发展需要，自己拟定专业提高的学习及教研计划，并根据学校校本培训计划内容，自行学习，并对自己的教学行为进行分析，提出问题，制定对策。

同伴互助：以教研组或课题组为互助载体，促进教师与同伴的对话，注重"以

老带新，以强带弱"；提倡在校本教研中有不同呼声，在一个群体中有不同思想，鼓励教师大胆评点，各抒己见；以教师或学生的问题为研究内容，将问题列入组，以组为单位制订计划开展研究。

专业引领：一方面，聘请校外教育教学研究专业人员或专家来我校进行专业指导；另一方面，提倡教师从专业的刊物或互联网上学习和引进名家教研思想，将教研专家的新理念和教育思想引进学校，促进教师素质的提高，形成"优势专家群体"。为了有效地实施新课程，提高教师的专业水平，我校十分重视校本教研制度的建设，使校本教研活动成为提高教师专业水平的重要策略。在全校教师中广泛开展"六个一"活动，即教师每节课后有一次教学反思，每周参加一次教研组或备课组的活动，每学年上一节校级研讨课，每学期完成一篇有价值的教学论文或经验总结，每学期出一份综合试卷，每学期制作一套课件。经此，教师深有体会："在研讨过程中，我们学会了等待，能用从容的心态对待自己的工作，不急于求成，不心浮气躁，不指望一次活动、一学期课改就收到立竿见影的效果；学会了分享，即师生间的沟通、彼此给予，是引领不是强制，是欣赏和关怀不是训斥和指责；学会了宽容，胸襟变得开阔，气度变得豁达，更加珍视个性，尊重多样化；学会了合作，与领导、与家长、与同事、与学生合作；更重要的是有了一定的创新理念，知道了课改课程没有固定的模式，只有不断地创新。"校本教研，让教师发现了个人专业成长的可能，为教师施展才华提供了宽广的舞台。

我校校本教研以新课程为导向，改进和加强教研工作，立足学校，建立以教师为研究主体，以课堂为主阵地，以新课程实施过程中教师所面临的各种具体问题为研究对象，以研究和解决教师教育教学中的实际问题、总结和积累教学经验为重点，以行动研究为主要方式，以促进每个学生的发展和教师专业化成长为宗旨的校本教研制度，使学校成为学习型组织，推动课程改革目标的全面落实，努力实现出名师、出质量、出特色、出理论的奋斗目标。

（三）不断开发校本教材，促进教师观念转变

就本质而言，校本课程开发的价值追求有三方面：学生个性的发展、教师专业的成长、学校特色的形成。这就是说，校本课程开发本身就以教师的专业发展为指向，是教师专业发展的有效途径之一。

教师积极参与课程开发，必定可以促进自身专业能力的发展。因为加入课程开发工作之后，教师要直面新的教学观念、新的教学材料和新的教学策略的冲击。因此，让教师参与课程开发，从某种意义上讲，能增加教师对自己所教授课程的认同感，增加对学校的归属感，可以提升教师教学的精气神，优化教师的工作状态，增强其满足感和责任感，使教师能更好地投入教学工作中。一些此类课题的研究结果证明，积极参与到课程开发中的教师认为，跟原来相比，自己现在能够教授更多的内容给学生，而且能够教得更好，在平常的课堂教学中，也能够更好地引导学生使用既有的学习材料，组建学习小组并指导他们的学习，对学生的期望值也在不断地增加。还有一些研究表明，教师积极参与到课程发展中，可以帮助教师更好地了解其所教授的内容，从而有更加充分的教学准备，这样做的最直接好处是教师在课堂上表现得更加自信了。可见"课程的变革，从某种意义上说，不仅仅是变革教学内容和方法，而且也是变革人"。课程开发的过程从根本上讲是一种变革的过程，因为教师利用课程在课堂上重建自己的知识观及他们自己与学生之间的教育关系。开发新的课程就表示教师在课堂上与学生一起学习知识的形式要发生大的变动甚至重组，与此同时，教师要对自身的教学进行适当的反思。这样，课堂便不单是实施课程的场地，而且是开展教育学理论研究的实验基地。教师自然而然地成为这个实验的主导者。总之，参与到课程开发的过程中，使教师拥有了一个更为系统的思维体系，这个体系使教师能够改变不适合的观念，使教师得到锻炼，并拥有更强的、具有批判性的反思能力，从而进一步去发现和探索他人的思维方式，增加了教师的探究性活动。

四、鼓励教师自主学习，提供专业培训渠道

细心观察周遭的教师，我们一定会发现，学习是几乎所有特级教师的共同爱好之一。特级教师的课堂充满灵气和智慧，这恰恰得益于这些教师广博的知识积累和深厚的文化底蕴。不少教师在写论文的时候总是抱怨无话可说、无题可写，往往是勉强凑出来一篇毫无灵魂的文章，究其原因，这一定与他平时不认真积累，不注重培养自己的学习能力是分不开的。"要给学生一杯水，教师

要有一桶水"，这不应该成为一句空洞的口号。这一桶水从哪里来？当然要从刻苦的学习中点滴积累而来。教师从来都是大众眼中的文化人，理应注重学习、养成不断学习的好习惯，并将所学所得运用到工作中去，更好地教书育人。教师的学习具体分为以下几点：

（一）阅读书籍

教师的专业成长需要提高理论水平，没有相关理论的支撑，实践会成为盲目的，做不到有的放矢。因此，教师需要根据自己的需求，选择一些教育学理论方面的经典书籍，尤其是一些行业内公认的经典书籍来阅读，通过阅读经典作品加强自身的修养和文化底蕴，同时提升自己的修养，让自己沉浸在文化的海洋中。一本好书能够带给读者一个全新的世界，它能陶冶人的情操、提高人的气质，能够使人变得更高尚。只有在持续不断的学习和探索中，教师才能陶冶自己的情操，开阔自己的视野，拓展自己的格局；才能不断跟上社会发展的步伐，不至于被时代甩在后面；才能不断扩大自己的知识面，更新自己所掌握的知识，以此来回答学生提出的千奇百怪的问题。教师可以通过读书陶冶情操，也能够在书中直面自己的各种缺点，读书会让人变得温和，会使人的内心得到前所未有的安宁；读书也会为美好生活添砖加瓦，使生活变得更加丰富多彩，使人的思想更加成熟、行事更加稳重。同时，教师在读书、看报时，要特别关注那些与教育、教学相关的文章，好的文句可以做笔录，好的文章可以剪下来做成剪报收藏，并且在有空的时候经常翻看。

（二）远程培训

教师培训能够有效、快速地提高教师的专业能力，想要培训对教师有影响力、有效果，最需要注意的是培训必须紧贴教师的工作实际，这样的培训才能真正做到满足教师的需求，解决他们的燃眉之急；才能有效地调动各位教师积极参加培训的能动性，提高他们参与的积极性，也能提高他们的学习兴趣。我校积极组织有需要的教师参与上级主管部门开设的"教师继续教育网络远程培训"。培训完美地达成了下列目标：

（1）有效解决了教学与学习的矛盾。教师在人们的心目中通常是教书育人的人，但其实，教师也是需要不断学习的，教师不能故步自封，他们自始至终都需要在自己的职业生涯中不停地更新、补充新知识。但义务教育阶段的教师往往教学任务繁重，不可能经常参加脱产学习和行业培训。他们更需要的是能够自主安排学习时间的有效学习。因此，互联网学习模式应运而生。想要参加学习的教师可以依据自身的实际情况，自主挑选学习时间、学习地点甚至学习内容，自己掌控学习进度，随时根据自己的时间调整学习计划，随时根据内容的掌握情况调整学习内容，从而真正体现"以学习者为中心"的现代教育思想。

（2）满足个性化学习的需求。教师参加在线培训，打破了传统的培训方式"场地闭塞、计划死板、教材单一、教法固定"等各种不利因素的限制，为参与培训的教师提供了多种多样的可能性，教师以学习者的身份，获得各式各样的学习资源，并且可以依据自身的条件及偏好，自主选择不同类型的课程。这样一来，每个人都可以根据自己的需求选择课程，参与自己需要的学习。另外，学习者还可以从互联网上找到自己需要学习的内容，下载并进行自主学习。继续学习是每一位教师在专业方面成长的"加油站"，每一位教师都需要不断学习，只有坚持不断地学习，才能充实自己，不断更新自己的知识储备，源源不断地为自己充电蓄能。

五、开展公开课，助力教师专业成长

"我们就是在听公开课的过程中成长的，也是在上公开课的过程中成长的。""哪位教师有机会上公开课，哪位教师的成长就快一些；哪所学校的教师有机会上公开课，哪所学校的成长就快一些。""如果没有公开课，教师的专业成长是缓慢的。"对于公开课在教师专业成长中的作用，许多教师深有体会。

公开课从类型上主要分为两种：一种是学校组织的校内公开课，另一种是校外相关机构组织的各种赛课、评优课或观摩课。

学校自己组织的校内公开课主要是为了给自己学校的教师提供一种真实的研讨环境，让他们互相听课、互相学习，从积极研讨中借鉴，以此来找准自己课堂教学改革的方向。在这个过程中大家共同发现问题，讨论解决问题的方法，从而达到解决问题的目的。

校外相关机构组织的各种赛课、评优课或观摩课则不然，参加此类公开的教师往往代表了一所学校，甚至代表了某一地区的教学水平。通常，在这一节公开课上，全校教师甚至全区教师的智慧都集中在一起，这堂课倾注了所有人的智慧和努力。

每次有这种参加公开课的机会时，学校都会做足准备，会在学校内部先成立一个备课小组，备课小组的各个成员也都精益求精，常常为了一个小小的问题争论不休，有时也会为了短短一句话甚至是几个词语的使用冥思苦想，仔细推敲……如此一来，年轻教师不断向身边经验丰富的优秀教师学习，学习他们的丰富经验，学习他们先进的思想和智慧，整个精心准备的过程便是新教师学习的过程，他们互相启发，反思自己的某些不当的教学行为，所有教师都在这个过程中精进自己的业务水平，这是一个他们彼此学习的好机会。

讲公开课一般都会经历同课多次、多轮讲练的过程，这是教师加深思考、仔细推敲、不断创新的过程，它能够给教师带来不一样的专业体验，教师从中获得的经验是平常按部就班讲课所不能比拟的。某位教师辛苦准备公开课，打磨课程细节的时候，也是其在某种程度上锻炼自身能力的时候。通过精心准备某一节公开课，教师会对如何驾驭教材、如何管理学生、如何设计课堂的某个细节有不同以往的理解和操作，经过精心准备，这节课的每一个细节在教师心目中都会变得更加有条理、有逻辑，更加清晰。讲课结束后，通过各位专家的评课，教师便可以知道自己讲课的不足之处和可取之处，这样的专业引领在任何一位教师的职业生涯中都是不可多得的。如果这位教师在课后能够将自己的公开课写成课例报告供同行研究，那么，将会惠及更多的年轻教师，对大家都大有裨益。

实际上，从各年度的公开课情况来看，的确有很多教师从公开课中得到了锻炼。很多年轻教师都跟笔者说过，准备公开课的过程是痛苦的，但也是收获满满的。可以说，公开课的磨砺，能够大大缩短年轻教师的成长周期，从侧面为学校减少人才培养成本，是年轻教师成长为专业教师的催化剂，是从教师到名师的必经之路。

六、鼓励教师通过教育信息化平台提高自身专业素养

教育信息化以其技术上的低门槛、情感上的人本化、使用上的开放性、经济上的零成本优势，以及个人电子出版物形式的亲和力走进教师的工作和生活之中，使教师乐于在教育信息化平台上记录教学经历和教学心得，乐于反思、学习与自我完善，乐于欣赏自己的才华、成就与发展，使新课程引发的学习、交流的需要与教师主体意识融为一体。教育信息化平台是教育工作者的网上家园，是知识管理、行动研究、专业引领、同伴互助的平台。

（一）知识共享

教师可以随时随地以文字、图片、短视频等方式，将一些对生活的理解和感悟、教学心得、教案设计档案、课堂实录笔记、课程相关课件等内容上传到共享平台上。知识共享可以打破时间和空间的局限，使教师的个人隐性技能和知识显性化，与全社会共享自己的知识、思想甚至思维方式。教师还能通过访问同行的博客，了解发生在同行身上的事件，了解同行的思考方式，进而审视自己教学内容及教学方法，从另一个角度思考自己的教学行为，思考蕴藏在细微处的问题与困惑，寻找解决方法。这样可以有效实现全行业信息资源共享，接受、消化和理解新鲜的教育教学信息，减少许多重复性的工作，也可以让新教师少走弯路。

（二）同行互动

一个精彩的帖子，往往能引起各方关注，吸引众多志同道合的朋友的目光，引来众多对此感兴趣的人的讨论。在平台上，教师不会受身份高低、地域差异、学科差异等各个因素的局限，身处异地的同行可以随时被召集在一起，形成良好的交流环境，感兴趣的人都可以随时随地加入即时互动和交流，通过积极回复加入讨论。参加讨论的教师可以适时体会他人的思维方式、分享自己的经验和教训，这样做往往可以顺利解决自己在实际工作中遇到的无法解决的难题，也可以让自己的思维习惯有所转变，让自己的知识结构获得前所未有的提高和改进。网络平台上的交流常常会以某位发起讨论的作者的观点为主，其他人加入后，紧紧围绕某个主题开展各种形式的讨论，这种讨论可以较为系统地反映出某种思想，使整个交流过程具有十分强烈的针对性，使思想得到进一步的检

验，认识得到更大程度的升华。

教育信息化平台让所有的教师都有话能说，是一种高效、民主、平等的新型教研文化和自由、开放、温馨的校园文化，越来越受到学校、教师的普遍欢迎，也得到教育行政部门、科研机构的高度重视，成为当前形势下促进教师专业成长的有效助推器。

七、引导教师开展教学反思，及时纠正工作中的错误

任何一位教师，哪怕是全行业公认的优秀教师，在其教学的过程中也不可能做到尽善尽美。不断反思和分析自己的教学行为、教学决策和教学结果，可以有效地纠正教学观念、教学行为上的偏差，形成自己对教学现象、教学问题的独立思考和创造性见解，提高自我觉察水平和教学监控能力。

（一）教学反思

教师在一个课题讲授完成后，应该及时了解授课结果，分析整节课的每一个步骤是否都达到了预期的效果，总结经验教训，进行客观评价，为以后的教学工作提供可借鉴的教学方法。一方面，肯定自己取得的成绩；另一方面，找出自己授课过程中存在的问题，认真分析，找到具体症结所在，有针对性地进行改进。

教后记是在教学的过程中产生的，每位教师的教后记都是自己智慧的结晶。其记录的内容涉及教育教学过程的方方面面，包括教师自己对教材内容的取舍或补充，某一课题的教学计划和课时具体安排，自己确立的教学目标，自己选择的教学策略，自己对于教学重点和难点的分析，自己组织的教学内容，自己安排的教学程序，自己选择的教学方法，想要运用的教学媒体，对于课堂上可能出现的教学现象的分析，探讨教学过程中的典型问题，初步设计的学生学习的情况，思考学生反映的问题，检评课题的教学效果，等等。以上所有内容，可以根据实际教学情况，选择其中有代表性的几项进行总结，可以反思不足，也可以记录经验；可以寥寥几笔，也可以连缀成篇。教后记的写作形式也是多种多样的，比较常见的有：批注式、提纲式、摘记式、随笔式。教后记的类型主要有：小结得失型、反馈信息型、探讨问题型、分析原因型、拾遗补漏型、

纠正过失型、取长补短型、研究学生型、拓展扩充型、抓住"亮点"型。教后记的写作要做到迅速及时、实事求是、有的放矢，否则就会失去记录的价值。

（二）群团反思

教师的个人反思和个人理解往往具有一定的局限性，如果他们可以与同事共同分析，听取同事提供的不同意见，便可以促使教师借助集体的智慧，不断纠正个人理解的偏差，从而进行更深入、更具有大局观的反思，使教师的教育教学理念在潜移默化中得以升华。比如，我校组织开展的单元教学反思活动，期中、期末教学反思活动，都对教师的发展大有裨益，都值得汇集成册，常学常新。

教师是新课程的实施者，教师专业水平的优劣直接影响到课程改革的成败。每一所学校都要根据校情、师情、生情的特点，努力为教师搭建专业成长的平台，寻求促进教师专业成长的新途径，让教师的专业水平与新课程改革齐头并进。

时代在发展，社会在进步，教育在改革，教育工作者肩负重任，应该尽快提升自己，为祖国的教育事业奋斗终身。

做专心专业教师　投身教育发展

振兴民族的希望在教育，振兴教育的希望在教师。吉林市昌邑区第七小学之所以能快速发展，其中一个重要原因是坚持以教师、学生、学校发展为本，全面实施教师教育工程，打造学习型师资队伍，让我们的教师成为"师德的表率、教学的专家、育人的典范"，形成了一支德才兼备、爱岗敬业、乐于学习、善于合作、勇于创新、适应素质教育发展需要的师资队伍。

一、倡导做德才兼备的教师

作为一名教师，不仅仅要在知识和技能上能够传授内容给学生，还要做到德才兼备。育人者必先育心，为师者必须在道德修养、情操修炼方面为人表率，方无愧于"教师"的称号。没有师德的人，无论具有多么高深的学识素养，都不堪为人师。我们常常将培养德才兼备的人才的目标挂在嘴边，可见，"德"在教育教学中尤为重要。德，首要指教师应具有共产主义的政治觉悟，要具有良好的思想道德品质，要具有优良的思想作风；才，主要指教师必须拥有较高的教育教学理论知识和行为能力，有一定的专业知识和较强的责任心及工作能力。德和才是统一的、密不可分的整体，教师既不能重德轻才，也不能重才轻德。"无德无才是庸人，有德无才是好人，有才无德是小人，有德有才是贤人。"但是德与才相比，德是前提，是第一位的。因此，我校要求教师具备以下几个基本素质：

一是要具有"爱生如子"的伟大情怀，在爱的氛围中以情促教。在如今这个时代，教育如若不能抵达人灵魂的最深处，不能引起人内心最深处的思维的变革，那就不能称作教育。因此，可以说爱几乎是唯一力量。在传统的教育理念中，"严是爱，宽是害"，这样的教育理念使我们失去了最基本的情感表达的方式，学生往往不能接受严厉的教师。总结多年的教学经验，笔者认为，宽严有度才是真正的爱，笔者总是倡导教师在必要的时候可以毫无掩饰地将自己对学生的爱毫无保留地表现出来，以自己最真诚的心对待他们，把他们当成自己的孩子。教师人格魅力的精髓集中在一个"爱"字上，心中有爱，就掌握了教育的真谛。当师生间的关系融洽、气氛和谐、沟通渠道畅通的时候，教育教学活动才能获得良好的效果，因为，"爱是无比强大的教育者"。

二是要具备最基本的爱岗敬业的职业道德。对每一位教育工作者来说，不论是主动还是被动选择这一职业，只要成为一名光荣的人民教师，就必须做到爱岗敬业。广大教师只有具备强烈的职业感、坚强的事业心、高度的责任感，始终怀着不断进取、勇于奉献的精神，才能胜任这项神圣的工作。如果教师对工作采取得过且过的态度，随便敷衍，那么失职的后果不仅仅是教师自身得不到成长和发展，还有可能误人子弟，甚至造成更为严重的后果。由此可见，爱岗敬业既是每一名教师所应该具备的最基本的职业道德，也是教师人生价值的最好体现。当教师恪尽职守，用一生来践行"衣带渐宽终不悔，为伊消得人憔悴"，最终换来"桃李满天下"的累累硕果时，那将是无上的欣慰和满足！

三是要具有扎实的专业功底和广博的知识。"要给学生一杯水，自己要有一桶水"，这是人们对教师这一行业提出的基本要求。在如今这个知识经济时代，一方面，教师必须精通自己的专业知识，另一方面，教师还要具备广博的文化知识。这两者之间是相辅相成、互相促进的关系。

教师只有具备足够丰富的专业知识，才能驾驭这些知识，才能综合运用这些知识，并将这些知识传授给学生，使学生能够学会基本内容，进而将其运用在自己今后的学习生活中。

四是要让自己的思维跟上时代进步的步伐，勇于探索、不断创新。传统的教育方式注重考试分数，这种过分关注分数的教育模式使得广大的学生甚至家长完全沦为分数的"奴隶"，导致学生在学习的过程中缺乏主动性、自觉性和创造性。而今，随着教育体制改革的不断深入，新一轮基础教育课程改革始终强调推进素质教育，将培育大批高素质的人才当作今后教育工作的目标和主题。如果教师不能与时俱进，更新自己的教学思维，依旧墨守成规地采用老思想、老观念、老方法来教育学生，那么教学一定不能取得良好的效果。

作为一名新时代的教师，该如何成为教师，胜任这个职业，真正担负起"教书育人"的重担呢？

所有教育工作者都应该紧跟时代的步伐，坚持用新知识、新理论来武装自己的头脑，而且要放下自己的身份和架子，深入学生群体，倾听他们对课堂教学的反馈，广泛地征求他们对课堂教学的意见和建议，以此来进一步改进自己的教育教学方法，努力提高自己的教学水平，在不断的纠错中，构建一套适合当今时代、符合当代学生个性的，适应新时代、新形势教育的新理论、新方法和新思路。但单单做到这些还远远不够，教师还应该在教学中不拘一格、广泛学习、博采众长、不断探索、勇于创新，为自己的教学方法不断注入新鲜血液，丰富教学方法，促进教学方法的成熟和完善。只有大家都具备这样孜孜不倦、一丝不苟的钻研精神，才能使我们的教育有希望。由此可见，要想成为一名"德才兼备"的新时代教师，并非一件易事。"路漫漫其修远兮，吾将上下而求索"，我们会一如既往地发扬平凡而伟大的精神，率先垂范，努力学习，不断提高自身的综合素质，努力成为德才兼备的优秀教师。

二、注重培养学生

教师要明白，一个学生学习成绩的好坏主要取决于他的学习习惯。无论是应试教育还是素质教育，在本质上是相通的。要想达到好的学习效果，必须设法调动学生的学习兴趣，使其养成良好的学习习惯。没有调动学生的学习兴趣，只顾灌输知识，是达不到应有的效果的，这也是我们反对应试教育的原因。许多教师不设法调动学生的兴趣，只是强制灌输知识，这是不对的。

如何持久地调动学生的学习兴趣，是令教师头疼的难题。因为学生不爱学习大多是从小的成长环境导致的，已经很难改变，更难的是改变学生的成长环境。

笔者认为，作为教师，要有理想。教师不仅是一份职业，还有重大的社会使命。尽管培养学生的难度很大，我们还是要努力地坚持去做。

首先，应调动学生的积极性。任何人都有学习的欲望，因为学习是人适应外界环境的一种本能，而不是因为对学习感兴趣。实际上，教育要做的，就是要让学生对学习本身产生兴趣。

其次，要了解学生的心理，要循序渐进。第一步是运用同理心。也就是认同学生，不仅是认同这个人，把他当学生；还要认同他的行为，要知道，学生的行为是适应生存环境的结果。这也是很难的一步，许多教师做不到认同学生的行为，对学生产生排斥心理。我们要花费一定时间去了解学生，去了解他的生存环境，并记录分析他的生存状态、优缺点、发展的方向和变化的可能性等。做到心中有数，为后面的转变做基础。

第二步是平等交流与融入。关键是平等，这是指人格的平等。我们教师与学生交流时不能高高在上，不能歧视任何学生。交流不是单指交流学习，还有他们的生活。站在学生的角度去体验他的快乐、无聊等情绪，从而达到融入学生生活环境的目的。

第三步是引导与转变。在第二步的基础上，引导学生把兴趣往正确的方向转移，不一定是学习，只要教师认为是正能量的都可以。教师在这个过程中不能急，需要慢慢引导学生。比如，要学生随教师一起去看望孤寡老人，或参加社会实践活动，或读书，也可以安排体育运动等。

第四步是确立方向与目标。在第三步的基础上，和学生讨论未来可能的人生道路，那就是方向。然后制订中短期目标，讨论实现人生理想的方法。

第五步是解决现实的学习困难。告诉学生如何看书、如何做题、如何做笔记等细节知识。

第六步是巩固。经常重复前五步，有了教育理念的支持，各种教学技巧与能力就有了施展空间。

三、处理好师生关系

第一，在学习方面严格要求学生。作为教师，我们有责任在学习方面严格要求学生。这样做的好处是可以让学生学到更多知识，可以让学生在不知不觉中提高学习效率。我们帮助学生在此过程中学到了真正的知识和技能，那么他们在今后的人生道路上遇到困难时，便会应付自如。实践证明，学生并不会记恨"严师"，恰恰相反，他们会在日后逐渐体会到"感恩"的含义。如果我们现在回想自己的学生时代，相信大多数人都会感谢严格要求自己的老师。

第二，在授课完成后，教师要多和学生互动，良好的交流和沟通对双方都大有裨益。值得注意的是，教师在与学生交谈的时候，一定要请学生坐下，这样会让他们感觉到，即使谈话的对象是教师，两个人也是平等的。对学生来说，教师能够和自己平起平坐是有积极影响的。与此同时，教师还应该特别注意，不要让话题总在学习上打转，不然会弄巧成拙，学生会对教师产生不信任感，师生间的距离也就会越来越远，教师在学生心中没有了"威信"，学生自然会产生抵触情绪。在笔者看来，这种交流、沟通如果称作"聊天"会更合适一些。教师与学生之间可以聊家庭、生活、保健、流行时尚等，还可以互讲故事、互述经历……至于学习，只在关键时刻，讲几句经典、有哲理的话给学生以指导就可以了。同时，要多关心成绩差一些的学生、有心理障碍的学生，以及虽然很努力但成绩却不理想的学生。作为一名教师，只要能走进学生的心中，让学生看到、体会到教师对他们的爱，他们自然就会尊重教师。

第三，提高自身素质。作为教师，一方面，要做好教书育人的本职工作，另一方面，不能丢掉求知的本能。时代在不断发展，知识随之更新换代，作为教师，应该紧跟时代的步伐，方方面面都要有所涉猎。不能让自己的学生觉得教师"什么都不懂"，在学术方面更是如此。教师要有危机感，要不断给自己"充电"，给自己的知识更新换代，因为自己随时都有可能被学生"问倒"。

第四，对于犯了错误的学生，惩罚措施是必要的，但是，惩罚一定要注意"适度"和"方式"。病人有病，医生得对症下药，同样地，如果学生的思想上出了问题，教师也得"对症下药"。比如，对于活泼好动的学生，教师便可以规定：不完成作业任务便不能继续参加接下来的一些课后活动。对于那些比较安分的学生，教师便可以规定：不完成作业任务，就要增加一些体育运动。在此过程中，教师一定要跟学生讲明原因，大多数学生会为了自己的"爱好"乖乖地完成任务，至于少部分"个例"，可以采取"单独谈话、单独鼓励"的方式使其乐观、主动地完成任务。

四、打造高效管理课堂

减负可以促进学生的全面发展。现在学生的压力越来越大了，因此，国家提倡教学要做到减负。减负前，学校为了提高成绩，提高学校的升学率，多是"满堂灌"，学生个个都成了"书记员"，根本没有思考的机会，只知道死记硬背，课余做大量的重复作业，根本没有时间去实践。而减负后就不同了，教师在上课时，进行精讲、精练。学生有了想问题的时间，对所学的知识，课后也可以亲自实践。这样做，学生既开拓了思想，又锻炼了能力，还增强了学习兴趣，真可谓是一举三得。减负还为培养学生的创造力提供了良好的环境，可以增强学生的学习效果。

减负与增效看似矛盾，其实，它们是优化教学的两个并列的目标。我校号召全体教师根据个人的教学实践，从以下几个方面着手，达成减负增效的目标：

（一）师生之间走得更近

"亲其师，信其道"，这是耳熟能详的道理。在教学过程中，我们立足这一认识，努力营造和谐的师生关系，一方面，可以减轻学生的思想负担，解放学生的思维；另一方面，可以激发学生的学习兴趣，充分发挥其主动学习的能动性。

（二）使教学目标得到优化，更好地把握学习重点

教师更深入地钻研教材，了解教材的编排体系和课文的编选意图，抓住每一单元和每一课的训练重点，准备定位教学目标，避免人为地拔高学习要求，增加学习的难度，从而导致学生产生畏难的心理。

（三）教学方法得到优化，解决学习难点

在教学过程中，教师在把握教材的基础上，根据学生的认知特点和已有的知识储备，精心设计教法，立足"对话"理念，提倡合作、探究的民主学习。遇到较为困难的知识点，要善于循序渐进，逐步提高学习难度，直至达成目标。

（四）有利于巩固练习，拓展知识

减负的关键环节是优化巩固练习，在实际教学中，教师精心筛选练习的内容和练习的形式，避免"繁、难、刁、杂"的机械练习，拓展练习的纵深延伸度，讲究练习的实效、练习的数量，讲究针对性、合理性、精练性、灵活性，控制练习的数量和难度。一方面，通过练习达到巩固知识的目的；另一方面，重视通过练习训练学生的思维，以此激发学生的学习兴趣。

学习习惯的养成、学习方法的掌握非常有益于提高学习效率。"授人以鱼，不如授人以渔。"在教学工作中，教师不但重视知识的传授和掌握，更重视学习方法和学习能力的培养。引导学生养成良好的预习、复习和积极思考的习惯，

在学习过程中领悟学习的方法，掌握学习技巧，提高学习效率。

减负与增效是一个辩证的话题，只有减轻无效的负担，才能达成增效的目标；同样，只有增强教学的效果，才能切实减轻学生的负担。因此，减轻学生的学习负担，最主要的是改进教学方法，在教学研究上"增压"。

解决减负问题的根本出路是要提高教育质量和教学水平，采取综合治理，多管齐下，把减负工作做得更好。教师应该自觉提高自己的道德修养，注重言传身教，以高尚的人格魅力教给学生做人的道理，引导学生积极向上。

随着教育改革的不断深入，思想观念的不断更新，作为教师，我们要跟上时代的步伐，因为我们担负着培养未来人才的责任，必须有对事业的执着追求以及对工作的无限热爱。我们要以崇高的责任感去关心、爱护、教育、引导每一名学生，培养他们美好的心态和积极向上的品格。实践证明，师生间的沟通要以情感为桥梁，以理解、关爱为基础，加强师生的沟通，运用各种方式严格管理，严格管理与理解关爱相结合，才能建立和谐的师生关系。

践行职业理想 树立师德风范
做人民满意的教师

《国家中长期教育改革和发展规划纲要》指出："加强教师职业理想和职业道德教育，增强广大教师教书育人的责任感和使命感。教师要关爱学生，严谨笃学，淡泊名利，自尊自律，以人格魅力和学识魅力教育感染学生，做学生健康成长的指导者和引路人。"这包含了国家对广大教师的高度尊重和深切期望。本文就如何在平凡的教师岗位上践行师德要求、履行神圣的育人使命，谈几点体会，与同行们共勉。

一、人民教师要真挚地热爱教育事业

"教育没有情感，没有爱，就如同池塘没有水。"教师只有对教育工作充满热情，才能以高度自觉的态度积极地投入教育教学，才能开创性地工作；只有热爱学生，才会全面关心学生的成长，才能为学生的生命和成长负责。爱，是师德之源、师德之魂，是教育力量的源泉，更是教育成功的基础。教师之爱，体现在平常的日子里。在偏远的乡村学校，就有许许多多教师主动为学生买衣物和学习用品，为学生义务补习功课……没有轰轰烈烈，没有惊天动地，而这年复一年、日复一日的默默付出却关乎千家万户的幸福，更连着祖国的前途、民族的未来。在灾难面前，在突发事故面前，同样有许多教师用血肉之躯为学生牢牢把守生命之门。2008年汶川大地震，谭千秋、向倩、杜正香……一个个普普通通教师的名字被人们牢记，他们舍己救人的英雄事迹早已凝成一座座精神的丰碑。2012年5月8日20时38分，又是一个让亿万人心痛的时刻，更是一个让亿万人感动的时刻。在客车撞向学生、惨剧即将发生的瞬间，一名普通的教师奋力推开学生，自己却被卷入车下遭到碾压，导致高位截瘫，最美教师张丽莉用血肉之躯谱写了一曲爱的赞歌。在生死瞬间，我们的教师表现出的壮烈的举动，来源于他们对孩子深深的爱，来源于他们对教师职业深深的爱。这份爱，无私无畏！教师要做一个把爱献给教育的人，在平凡的岗位上践行理想，树立风范，铸就师魂！

二、人民教师要勇敢地担当社会职责

"教书育人，为人师表，是教师的岗位责任；把学生教好、保护好、培养好，让家长放心满意，促进教育公平，促进社会和谐，是教师的社会责任；加快从教育大国向教育强国、从人力资源大国向人力资源强国迈进，为中华民族伟大复兴和人类文明进步做出更大贡献，这是广大教育工作者对民族、对未来所肩负的国家责任。"我们必须知责任、明责任、负责任、尽责任。社会上的不良影响，生活中的是非曲直，家庭教育里的不足，教师都要给予正确的引导和弥补，帮助学生牢固树立科学的世界观、人生观、价值观，把握人生的正确方向，让学生努力增加知识积累，积极陶冶性情，强健体魄，培养良好心理素质，真正实现全面发展。许多老一辈优秀教师，怀着强烈的责任感和使命感，终身坚守、矢志不渝、脚踏实地、探究不息。苏联著名教育实践家和教育理论家瓦·阿·苏霍姆林斯基坚持写教育日记，先后对 3700 名学生做过个案记录，能详尽地说出 25 年中对 178 名较难教育的学生所做的工作及学生曲折成长的过程，留下了《写给教师的一百条建议》等 40 多本教育学经典著作,他的著作被誉为"活的教育学"和"学校生活的百科全书"。每一位教育工作者都应牢记这样的理念：孩子在离开学校的时候，带走的不仅仅是分数，更重要的是他对未来社会的理想和追求；教育不光是教给学生知识，更重要的是培养学生一种积极的生活状态和人生态度。因此，教师要以身作则，以身立教，用自身高尚的灵魂塑造学生的高尚灵魂，用自身健全的人格塑造学生的健全人格，用自身的社会责任感培植学生的社会责任感，履行神圣的育人职责。

三、人民教师要坚决地恪守治学规范

教师要崇尚科学精神，树立终身学习的理念，如饥似渴地学习新知识、新技能、新技术，拓宽知识视野，更新知识结构，要养成求真务实、严谨自律、探索创新的治学态度，不断提升教学质量，完善教书育人的本领。全国著名特级教师、儿童教育家李吉林历经 30 年，从"情境教学"到"情境教育"，再到"情境课程"，构建了情境教育的理论框架和操作体系。这一体系成为我国实施素质教育的重要模式之一。教育改革家魏书生几十年如一日地研究教育，躬身实践，他的语文教学、班级管理、民主科学治教方式独树一帜。全国十佳师德标兵孙维刚是一名优秀的数学教师，在38年的教学生涯中，他在数学中教出了哲学，在数学里书写人生，他的创新教学取得了显著成效。被誉为"平民教授""大众学者"和"科普专家"的方永刚，生前为大连舰艇学院政治系教授，他坚定地信仰马克思主义，把业余时间全部用在刻苦学习和研究党的创新理论上，用平民化的语言方式让党的政治理论深入人心。我们要以他们为榜样，恪守学术道德，发扬优良学风；要深层次地研读教育教学理论，从中汲取丰富的营养；要努力研究教学实践，通过展示课、观摩课、赛教课、校本研培等多种形式，累积教育教学艺术的底蕴、提升境界；要科学地利用信息化的学习渠道和方式，掌握和运用现代化的教学手段和方法，不断地探索教育教学规律、改进教育教学方法、提高科学研究水平；要在教育实践中寻找问题，在理论学习和研究中发现问题，在他人的研究成果中找出问题，在问题的不断解决、方法的不断创新中实现专业成长与跨越。

四、人民教师要努力地追求理想境界

"仰之弥高，钻之弥坚。"任何教师要想有所成就，必须树立崇高的教育理想。作为教师，走上教育岗位以后，要为自己设置一个一生为之奋斗的目标。只有设置这样一个目标，才能把自己的行为锁定在这个目标上，才能不断坚定拼搏的信念，才能不断增强前行的动力，才能不断地进行自我挑战，步入教育生涯的理想境界。"捧着一颗心来，不带半根草去。"陶行知在乡村教育中勇敢开拓、大胆探索、不懈追求，一生致力于教育事业，因为他心中只有一个中心问题，这个问题便是如何使教育普及，如何使没有机会受教育的人可以接受他们所需要的教育。郭沫若发出赞叹："陶子以前，无一陶子；陶子以后，亿万陶子！"特级教师斯霞一生经历了许多特殊的时期，但无论风云变幻，她献身小学教育的纯朴信念始终崇高而坚定，被誉为"小学教育界的梅兰芳"。"爱的教育"的倡导者和实践者、教育家霍懋征，在小学教室的讲台上耕耘一生，退休后仍心系教育，为传授教学经验、传送最新的教改信息，她不顾年迈，先后到新疆、甘肃等多个省份讲学、上示范课，把多年积累的宝贵经验毫无保留地奉献出来。哈尔滨工业大学教授、博士生导师马祖光一生攀登了科学技术和思想境界两座高峰，值得敬仰。特级教师王崧舟把职业人生划分为四种境界：

功利境界、道德境界、科学境界和生命境界，并诗意地栖居在教书育人和生命体验高度相融的境界。北宋教育家张载说的"为天地立心，为生民立命，为往圣继绝学，为万世开太平"，是我们教育工作者所追慕的最高境界。伟业千秋，境界非凡。作为教师，我们要无限忠诚于党的教育事业，要树立崇高的职业理想和坚定的职业信念，要义无反顾、勇往直前，为崇高的育人理想奉献全部精力和满腔热忱，使人类优秀的文明成果和高尚的道德品质薪火相传。

五、人民教师要有无私奉献的敬业精神

作为教师，我们要有无私奉献的敬业精神，要树立高尚的道德情操和理想追求。2008年感动中国年度人物——支教夫妻李桂林、陆建芬，扎根凉山北部峡谷绝壁上的彝族村寨近20年，播种知识的种子，为村民走出彝寨架起"云梯"。2010年，中央电视台《焦点访谈》春节特别节目《情动己丑恒爱无疆》以"无悔三十年"为题，深度报道了山东省枣庄市沙沟镇楼沃小学教师杜温庆扎根山区教育，三十年如一日，默默奉献的感人事迹。出生9个月就因小儿麻痹症导致双腿膝盖以下肌肉萎缩的陆永康，20岁时成为民办小学的一名教师，开始了漫长的跪着教书的职业生涯。30多年里，陆永康日复一日地跪在讲台上传道授业，年复一年匍匐前行在山间小道上，走村串寨做家访，创造了贫困山区儿童入学率100%的奇迹，他用跪着的身躯扛起了山村的希望。许多像陆永康一样的教师，以他们大山一样坚韧不拔的意志品质和动人事迹，深深震撼着人们的心灵，凝聚成教师献身祖国教育事业的强大精神力量。我们坚信：教师的奉献，是对理想情操的坚守，是对社会期待的坚守。我们笃行：志存高远，淡泊名利，诲人不倦，敬业奉献！

教师是人类灵魂的工程师。人类灵魂是教师耕耘的土地，是教师希望的田野，人才辈出是教师最大的成功，民族复兴是人民教师最大的责任。新时期教育改革的宏伟蓝图已经绘就，教育创新发展的道路正在铺展，让我们站在新的起点上，牢记历史赋予我们的庄严使命，以奋发有为、昂扬向上的精神面貌，树立远大的教育理想，做崇高师德的力行者，做教育科学与艺术的执着探索者；脚踏实地，甘于奉献，做一名为人民服务、让人民满意的教师！

青年教师的教研起点

许多青年教师谈起做教研都有些胆怯，有畏难心理，不知起点在哪里，久而久之，心中便没有了教研的意识。笔者通过对多位青年教师入职之初的观察与研究发现，能够很快进入教研状态的教师，他们首先破除了教育科研的神秘感，然后沉下心来，强化学科意识，尽力了解学生，并围绕课堂教学，从下面三件事情做起，很快就找到了教研起点。

一、写好一篇精读课标、教材的心得

之所以说精读课标、教材是教师进行教研的起点，是因为掌握好这些内容对于青年教师来说太重要了。可以这么说，一位教师没有掌握好课标精神、教材体系，犹如一个人在沙漠里迷失了方向，不停地横冲直撞，难以找到走出沙漠的路。没有方向感的教师，他的教学一开始就会陷入茫然不知所措之中，结果只能是教师费力而不讨好，学生学无所获，双方都无比无奈和痛苦，最终，双方都失去了兴趣和耐心。

要克服这种情况，最笨但最有效的办法是从读好所教学科的课标、教材开始。"人民教育家"于漪在大学里学的专业是教育学，被分配到学校教书，但当时没有教育学这一学科，校领导就安排她教语文。她没有畏惧和退缩，而是愉快地接受了工作任务。

那么，从哪里入手做好本职工作呢？于漪就从学习课程标准（那时叫"教学大纲"）、"裸读"语文教材开始。她找来语文学科课程标准和初、高中的教材，先不看已经在报刊上发表的分析课标、教材的文章和相关资料，而是老老实实地一字一句、一段一篇地读，而且是反复读、边读边写，留下十几个笔记本的学习心得体会。这样一轮精读细研、融会贯通下来，课标精神和教材体系便了然于心，教学上就可以少些"他信力"，走上讲台，就会拥有满满的自信。

于漪的做法对我们青年教师的教研有很大的启发。现在有一部分青年教师在教学中过分强调"他信力"，即一开始写教案就把已有的对课标、教材的研究成果拿来抄到自己的备课本上。这样不爱思考，可能很长时间都找不到教研起跑线。

还有，教师在阅读课标、教材时存在一个"读懂"和"读通"的问题。多数教师对课标、教材的理解基本上停留在"读懂"这个层面，即通过自学和他人（专家）的辅导，对自己所教学科的性质、特点及教学中要注意的问题有所了解，准备教学时，能够以个人的主观感受来理解教材，课堂上能够依据本学科的某些"套路"教学，这样在传授知识方面不会出现很大的偏差。

但教师仅仅止于"读懂"，思维层级仅仅止于了解或理解是不够的，必须上升到整合、创造层级。也就是说，教师必须"读通"所教内容，才能让所教学科在学生眼中丰富多彩，在学生心中摇曳多姿。

所谓"读通"，就是能以课标和教材为依托，纵横捭阖、左右逢源、融会贯通，即在全面掌握课标精神的基础上，能够找到课标与教材的对接点和结合部，能够对教材的来龙去脉（包括写作背景、材料出处、编者用意等）有清晰的了解，同时，还能够找出教材的缺陷与不足，掌握目前所见资料中对教材的认识偏颇。"读通"，就是要跳出个人眼界，跳出有局限的思维方式和判断标准，构建起一个合乎事实和逻辑的新的真实文本。

二、写好一份翔实的教案

备课是教师常规工作的重要内容之一，是教学的基础，也是青年教师教研的起点。教案质量的好坏决定着课堂教学质量的高低。有人将不同发展阶段的教师备课分为三种境界：第一种境界是写在本上。这种做法是指把教案认真详细地写在备课本上。青年教师应该老老实实地把教案写在备课本上，争取将每堂课的教案都写得详细些，这是青年教师备课的必经阶段。第二种境界是写在书上。当教师工作了几年后，有了一些课堂教学经验，便把需要强调的学习内容、重要的问题和关键环节写在教科书上。第三种境界是记在心上。这是比较成熟的教师的做法，他们对教材相当熟悉，具备娴熟的课堂驾驭能力，讲起课来胸有成竹，得心应手，能巧妙地利用课堂，引导学生思考、探索，碰撞出学生心灵的火花。到了这种境界的教师，备课是在研究教材、研究学生，是在深度解读文本，是在深度参悟教育。他们会把备课中得到的灵感、参悟出的道理、创新出的教法牢记在心，然后写成教育学论文或教育学专著。

对于教师而言，认真备课、写好教案是应该做好也必须做好的一项常规工作。当然，不是所有的教案都必须翔实，但有些教学要素是要记好的。诚如于漪所言，教学目标要记；教学过程要记；关键词语的处理及体会要记；教师课堂上要讲的重要的话要记；要求学生回答的问题、要求学生写的片段、造的句子，教师要先写一写，造一造，记下来；重要的参考资料也要记下来。她还明确指出，备课要从自己的实际出发，从方便教学出发，教案一定要写好。

如果青年教师能够从入职之初就用心备课，写好教案，并有意识地选择教材中对自己来说有些难度的一篇课文或一个章节，沉下心去精读，搜集相关资料，联系学生实际，写出翔实的教案，一定能够体会到教研过程中满满的获得感和幸福感。

三、写好一个完整的教学课例

上课，是每个教师的本职工作。科任教师基本上每天都要走进课堂，每天的课堂对教师本人和学生来说都会有不同的感受。在这个场景里，教师的学识、智慧和人格魅力得到充分展示，学生的人生也因此不断丰富多彩，这就给教师的教研提供了丰富的资源。

这也提示青年教师，要珍惜课堂、敬畏课堂，要把自己在课堂中展示出来的成功的或不完美的课例留下来，以提醒自己和同人在今后的课堂教学中要发扬哪些优点，克服哪些不足。

上完课之后就把教案束之高阁，这对于青年教师来说是非常可惜的。有心人会对自己的教学设计及课堂的情况进行一番梳理，试着写教学课例。教学课例不等同于教学设计。教学设计是教学前教师对一堂课的教学目标、流程、方法等的预设和准备。真正到了课堂上，师生之间有时会碰撞出意想不到的智慧火花，教学课例正好承载起这个使命。

教学课例包括三个部分：一是教学设想，即对这堂课教什么、怎么教、要达到什么目标等有一个简要的说明，让大家都有心理准备；二是课堂实录，主要是再现教学流程，让他人了解自己是怎么教的，还可以记录课堂中出现的特殊情况以及师生是如何面对的；三是课后反思（小结），即对教后的课堂进行简单复盘，看是否达到了课前的设想，教学中又有怎样的情况出现，并对整堂课的成败得失进行梳理，明确哪些问题需要进一步探讨。这样，才算是写好了一份完整的教学课例。

有人说，教学和影视一样，是一门遗憾的艺术。影视演员面对镜头表演，之后无不遗憾，认为如果让自己再演一次，一定会演得更好，而实际情况往往并不是这样的。青年教师在教学过程中也会有诸多遗憾。这不要紧，只要充分正视这些遗憾和不足，同时，选择其中具有典型意义的一节课，完整地把这节课例写下来，无疑会对自己的成长有很大的帮助。

教育科研，是教师提升自身专业素质和水平的必由之路。对青年教师来说，最重要的是克服其高不可攀的心理，明确教研只能一步一个脚印踏实地向前走。如果能够立足课堂，认真地、满怀信心地从写好一篇读课标、教材的心得，写好一份的翔实教案、一个完整的教学课例做起，也就找到了教研的起点和方向。青年教师如果能够认识到做好这些的重要性，主动写作，日积月累，久而久之，就能走上教研之路，并在这条路上迅速地成长、成熟，最终走向成功。

一路书香一路歌

时代瞬息万变，我们的教育教学也会随之改变。唯有读书，向巨人学习，才能让我们的思维认知、思想理念、技能技法等保持活力。教师成长需要的五把钥匙是：拔高一层看教育、把握机会提升自己、有一颗学生的心、遵循学习的规律、保持积极的心态。

第一把钥匙是拔高一层看教育。站得高才能看得远，这是一个常识，也是从事教育工作的教师应该具备的素养。站得高有两层意思：一是要站在世界各国教育改革的制高点上，了解教育改革的新动向，把握教育改革的新方向；二是要切实树立正确的教育观和育人观，按照教育规律和孩子身心发展的规律施教。有了这样的教育高度，在教育教学的实践中，我们就不会拘泥于眼前的点滴得失，而会将目光放长远，关注孩子一生的成长与发展。

第二把钥匙是把握机会提升自身。教师想在讲台上"站稳"，就必须要赢得学生的尊重和信任，则必须在自己的专业方面不断进步、不断提高自身的业务水平。必须明了学科本身的知识架构和核心素养要求，必须熟练掌握课堂教育教学要求及课程建设，必须进一步提高组织、协调与沟通等各方面的能力。教师在自己的专业领域中每取得一点进步和提高，都会为学生带来巨大的影响，并且这些影响会伴随他们的一生。

第三把钥匙是有一颗学生的心。如果将教育当作服务，则教师及其所讲授的课程明显就是服务的供给方，学生便是需要被服务的需求方。想完成需要完成的教育目标，教师必须仔细了解需求方，了解学生成长的文化环境，确定文化环境的潜在价值，掌握学生的心理特点，了解学生各个心理现象背后的心理学机制，寻找基于学生的文化环境、符合心理学和教育学规律的教学策略，使学生在被教育的过程中获得个人发展及成长。

第四把钥匙是遵循学习的规律。学习是由经验引起的一系列发展过程，与人的社会化的过程、情感培育和身心发育等都相互交织、同步发展。学习带来的变化不只表现在知识领域，还包括情感、行为和价值观的变化。学习需要内动力，如果没有主观意愿，学习便不会发生。科学家根据学习的各个特征总结出了学习科学的若干基本原理，包括学习者的既有经验、知识架构、行为动机、掌握程度、发展水平、态度反馈和自我学习等各个方面，这是作为教学者一定要掌握的。

第五把钥匙是保持积极向上的心态。在实际生活中，我们如果遇见了一位积极向上的人，便可能会被他影响，心态会变得积极起来。在教育教学中也是一样的，教师同样是通过自身的一言一行来影响学生的，教师的心态可以直接左右学生对这个世界的看法，左右学生对外界事物的感知能力。因此，如果你决定成为一名教师，那么不管多么辛苦，不管受了多大的委屈，都要努力保持积极向上的心态。

这五把钥匙打开了多少教师的心锁，我不知道。但我知道自己读后深刻地理解了当下教育的特点，明白了教师要跟上时代的步伐，领悟了教师成长的重要性。

一、关注核心素养，优化课堂教学

学生发展核心素养，主要指学生应具备的，能够适应终身发展和社会发展需要的必备品格和关键能力。课堂是学生学习的地方，也是学生品格形成、生命成长的地方，是学生由自然人向社会人发展的重要场所。落实核心素养的基本载体是课程，主渠道是课堂，所以教师要不断提高自己的专业水平，创设含金量高的课堂，创设能启迪学生才智的课堂，创设能提升学生人文素养的课堂，创设能引领学生形成正确的世界观、人生观、价值观和家国情怀的课堂，从而使我们的课堂教学具有深度。

教育是一项以生命引领生命的事业。德国存在主义哲学家、心理学家和教育家卡尔·雅斯贝尔斯在《什么是教育》一书中写道："决定教育成功的因素，不在于语言的天才、数学的头脑或者实用的本领，而在于具备精神受震撼的内在准备。"

作为教师，尤其是语文教师，在培育学生健全的生命与情感的过程中，我们不仅要让学生学会运用我们祖国的语言文字，掌握学习语言文字的方法，养成良好的学习习惯，还要通过讲解课文涵养学生健全、厚重的生命底色，引导学生存一份真心、多一份真情，长此以往，学生的理解能力、鉴赏能力和表达能力就会在不知不觉中提高。语文课本中有很多经典文章，或歌颂祖国大好河山，或抒写真挚的感情，或给人以生命的启迪，或给人以思想的洗礼。在教学中，教师要引导学生体会字里行间蕴含的深意，从而帮助学生树立正确的人生观、价值观，培养学生健全的人格。

二、教师要重视教学方法的研究

不同的学习内容，应该采用不同的方法来组织教学，才能够起到好的作用。用同一种模式来组织不同知识的学习，不利于学生的自主发展。教师正确把握整体与局部的关系，正确把握知识结构和知识点的关系，在全局观下研究每一部分学习内容，才有利于学生养成学科思维和良好的学习方法。

教师在教学中要与时俱进，用新知实现创新。创新就是将你所教的内容与时代文化的完美结合。一种教学方法、一个教案一直用，甚至用到退休，这是悲剧。新教材、新课程标准为教学研究带来新挑战、新思考，同样对一线教师教学提出了新要求。在国家统编小学语文教科书教学实施的背景下，如何让"1+X"大阅读理念"落地"，如何引导学生学会阅读，从而有效达成教学目标，需要语文教师掌握一定的语文教学策略和方法。例如，在教授统编语文教科书五年级下册中的古诗《村晚》时，教师就可以采用群文阅读的方式来实施教学。教师可以将其与吕岩的《牧童》、栖蟾的《牧童》、黄庭坚的《牧童诗》一起教学，课下让学生提前预习这四首古诗。在指导学生进行群文阅读的时候，教师一定要注重古诗的关联性，如这四首古诗都是描写牧童的，又基本都有黄牛、短笛、月光。所以，可以让学生从多角度分析，发现古诗之间的联系，再进行比较阅读和梳理重建，最后进行古诗内容的拓展，比较异同，进而发现古诗结构和写作方法等的共同点，实现从读懂"一首"古诗到读懂"一类"古诗的进步。

三、打通课文与生活，联结情感经验

当语文教学失去了情感，失去了与作者的共鸣，失去了与学生的感同身受，失去了应该有的愤怒、激动、眼泪时，语文就死了，教育就彻头彻尾地失败了。因此，教师要帮助学生打开经验世界，让学生的经验与别人的经验联结起来，让学生了解自己在世界中的位置，由此来反观自己、认识自己，与作者产生共鸣。

比如，统编语文教科书中的《蜘蛛开店》《沙滩上的童话》《一匹出色的马》等课文，教师在教学时要紧扣童真童趣，引导学生展开想象，培养学生的形象思维。在教授《妈妈睡了》《纸船和风筝》《雪孩子》等课文时，教师可引导学生联系自己的生活实际，体会和感受人与人之间的真挚情感。在教授《夜色》《一个接一个》等课文时，教师可以将课文内容与生活联系起来，引导学生在生活中直面困境。统编语文教科书四年级上册的《梅兰芳蓄须》中的第六、七自然段就是非常典型的语段，教师在教学时，要让学生关注具体表现梅兰芳生病时的状态的词语，关注他在祖国的尊严面前，将一切个人安危抛在脑后的爱国之情。这一部分通过几个词语将梅兰芳深厚的爱国情感隐藏于字里行间，教师在教学时要指导学生借助语言文字，理解作者的思想，体会作者的情感。

统编语文教科书五年级下册中的《祖父的园子》节选自萧红撰写的带有自传性质的长篇小说《呼兰河传》。祖父的园子，从表面看，是花园和菜园，充满着小女孩式的喜爱；从情感角度看，是作者自由欢愉的"游乐场"，亦是承载祖父疼爱的温暖"港湾"。而历尽劫难的萧红，通过一个饱经沧桑的灵魂回望过去，把自己的苦与痛过滤，在纸面上写的是"童心绽放"，纸背上写的却是"精神还乡"，这其实就是文学作品最动人的力量。

学生初读后，基本可以感受到园子里的一切都是生机勃勃的，了解"我"和祖父之间发生的种种趣事，也能读出"我"的快乐和自由。但是为什么作者笔下的园子中的景物总是闪着光的？为什么要写园子里的大榆树和虫子、倭瓜、黄瓜等"要做什么，就做什么"？这些是如何表达作者思想感情、深化主旨的？学生需结合这些问题，在有梯度的阅读活动中不断深化阅读感受。另外，学生在阅读时，还要注意细节处所表达的思想感情，如祖父干什么"我"就干什么的一系列举动，还有"我"与祖父的对话，都可以通过带入情境体验、以角色自居的方式感知祖父对"我"的宽容与宠爱，由此也就理解了"我"对祖父的依恋。

学生在课堂上可以读出前两个层面，然后用"阅读链接"打开一个切口，去理解最后一个层面，并成为终身阅读者，在今后的人生历程中不断丰富阅读感受。

四、做善于研究的教师

苏联著名教育实践家和教育理论家瓦·阿·苏霍姆林斯基说："如果你想让教师的劳动带有一点乐趣，使天天上课不致变成一种单调乏味的义务，那你就应当引导每一位教师走上从事研究的这条幸福的道路上来……"课堂领域有限，但它的外延很大；书本很薄，但它传递的思想很深。教师应该有开阔的人文视野，要有丰富的思想资源，要有尽可能深入的思考能力。

教师要注重对教学内容的研究。研究第一手资料，让学生发现思考问题的新视角。为学生提供多元的学习资料，用自己丰富的知识储备充实学生的思想，拓宽学生的知识面。

教师要注重对学生特点的研究。学习是学生自己的事情，如果不能调动学生自主学习的热情，教师纵有天大的本事也教不好学生，因此，教师要研究学生的认知规律，用科学的方式来施教。

新的时代给教师提出了新的要求。只有不断学习，不断探索，不断成长，才能做一位与时俱进的好教师，创造生命在场的教育。

线上教学引发教学变革:"三案多模块集成"教学模式的有效实现

一场突如其来的新型冠状病毒肺炎疫情,在对传统教育教学秩序和模式造成巨大冲击的同时,也为教育现代化和教育改革的进一步深化提供了契机——线上教学模式应运而生,在"救急"中催生了教育信息化的探索与创新。

"凡益之道,与时偕行",吉林市昌邑区第七小学秉承"追求优质教育,实践主动发展"的办学理念,关注全体学生的全面发展。在线上教学中,通过"先学后教,以学定教"的思路,构建了"预学—研学—拓学"的动态学习流程,加强了教学方式与学习方式的深度融合,形成了"三案多模块集成"教学模式,指导学生居家高效学习,变"学会"为"会学"。一场深刻的"学习革命"已然来临。

"苟日新,日日新,又日新。"基于"三案"的先期改进,学生由被动"学"变成了主动建构;基于"线上答疑"的中期推进,课堂由"一言堂"转型为"百花齐放";基于"资源开发"的后期突进,既往的"课堂"转变为"学堂"……课堂教学的实质性变革促进了教学设计理念、线上教学管理案例的更新和扩容。

"志之所趋,无远弗届。"从无到有,从小到大,从理想到现实,教师的敬业、专业和乐业,在疫情的淬炼中闪光。勤则不匮,我校征集、整理、汇编一线教师几经优化的教学设计、反复修改的教学案例,共同探讨新形势下高效育人的新定位、新模式、新举措,以应对教育信息化、现代化等诸多命题的挑战,我校教职工始终坚持"停课不停学""减负不减质""减负不减责"的使命,思行并举,为线上学习和教研提质增效。

线上教学的教学策略、教学方式的转变,是教师面临的新课题。我校为全面贯彻落实国家的教育方针政策,充分发挥教师的集体智慧,促进学生全面发展和个性发展,大力推行"三案多模块集成"教学模式。教师根据教学内容的不同、学情的不同、课型需求的不同,将不同的模块自由组合起来,形成特色鲜明、针对性强的课堂教学方案。明确教师的教必须契合学生的学,真正实现教学目标精准化、教学要求重点化,以及教学结构体系化。在具体的教学过程中,实施策略如下:

一、"三案"设计策略

"三案"的整体设计思路是首先运用预学案让学生自己学习,为学生学习新课打下基础,然后通过研学案使学生的学习更加有效,最后再根据拓学案进行相应的拓展和补充。"三案"给学生以学习方向的指引,由课内延伸到课外,使不同的学生在学习上得到不同的发展;促进资源的合理利用,借助线上教学平台提供的资源,发挥线上教学的优势,让学生能够更加扎实地掌握新知识。

(一)预学案

预学案以"自主学习,聚焦问题"为目标,立足学生的实际情况,突出引导功能,鼓励学生借助多种学习渠道自主学习、自主探究,满足个性化的学习需求。预学案解决了"学会了什么""有什么不明白"两个问题,指导学生围绕学习目标阅读相关学习材料,尝试建构知识框架,完成基础练习,并让学生提出自主学习过程中的遇到问题。

(二)研学案

研学案以"交流合作、探究互动"为目标,突出学生的学习过程,注重学习方式的多样化。在小学低年级的教学中,教师将研学案与预学案融合起来,侧重引导学生间的交流互动,选择学生提出的具有探究价值的问题,组织学生进行探究。

教师提供材料支持和方法指导,学生通过师生问答和小组互助,交流思维过程和解题方法,共享学习成果,发挥主体作用。同时,教师面向全体学生,设计有梯度的学习问题,因材施教,分层指导,鼓励学生大胆质疑,营造民主、平等、和谐的教学氛围。

(三)拓学案

拓学案以"总结概括、拓展提升"为目标,教师布置丰富多样的练习和活动任务,帮助学生拓展迁移知识,关注学生深度思考能力的提升。拓学案进一步对学生的学习内容进行课后检测和反馈辅导,夯实基础,拓宽思路,加强应用,最终达到帮助学生"学会学习"的目标。

二、"三案"教学环节具体实施策略

(一)预学环节

预学环节可以安排在课前或课上。课前的预学,可以是课前测,给即将要学习的新知识做铺垫。教师可以在预学环节摸清学生的情况,找准学生学习的最近发展区。课前的预学环节,教师可以让学生自己查询资料,参与资料的分类、归纳、总结。课上的预学环节,教师可以向学生提供预学单,可以有回顾旧知识、尝试发现、自主读书、同伴交流、梳理已知、聚焦问题等预学模块,此环节一般控制在 10 分钟以内。

例如,学习图形运动时,在预学环节,教师可以将学习背景放在某一特定的生活场景,让学生根据生活经验提出问题,为学习新知识奠定坚实的基础。复习课上,预学环节的内容则以知识梳理为主体,采用"先尝试,再对比,最后明晰"的方式让学生在收获知识的同时培养良好的学习习惯,提升其自主学习能力。

(二)研学环节

在教学中,研学环节以探究、合作、交流为主要形式,教师结合平台微课开展教学工作,结合教学重、难点设计教学流程,让学生在居家学习中循序渐进、由浅入深地对知识开展研讨交流,引导学生自己发现问题并尝试解决问题。学生在观察、对比、探索中学习知识。设计研学环节要留意学生的特点,从学生的角度提出问题,全面检查学生对知识的掌握情况。例如,在"整百、整千数加减法"这一课的教学中,教师结合教学重点为学生设计了三种不同的学习方法:第一种是结合之前所学知识,利用数的组成解决问题;第二种是类比推理法,结合"20 以内加减法"解决问题;第三种是利用想加算减法解决问题。这三种方法能有效帮助学生学习数学基础知识,重视算理的理解。教师还可以根据学情,在此基础上设计有提升作用的题目,精讲精练,使学生在学习过程中跟随课程对知识进行研讨交流,形成知识碰撞。学生在居家学习时,可以结合在预学环节中发现的问题,夯实知识;教师可以根据研学环节中讲授的核心问题突破教学重、难点。

（三）拓学环节

拓学环节的模块有总结提升、巩固应用、拓展延伸等，这一环节要对研学环节中得到的学习成果进行概括总结，更要对所学知识进行应用，既有对基础知识的巩固夯实，又有对知识的灵活应用。

三、多平台师生交流与生生交流的基本策略

教师以多种平台为技术依托，通过小视频剪辑、语音留言、教学资源共享等形式，组织丰富多彩的教学互动。

（一）师生交流

教师要针对不同学生的情况，因材施教。教师可以充分利用网络资源，采取全班辅导、集中式辅导和一对一辅导相结合的方式，帮助学生掌握所学知识，可采用以下教学策略。

（1）全班辅导：对全班共性问题和基础知识、基本题型的全面辅导，面向全体学生，夯实重点、难点，巩固所学知识。

（2）集中式辅导：对在某一知识点或某一解题方法理解上有困难的学生，进行有针对性的点拨，帮助他们突破难点。

（3）一对一辅导：对班级中学习较困难或生活、心理方面需要帮助的学生实行一对一辅导，帮助他们克服困难，培养学习习惯，提高心理素质，让每一个学生都健康快乐地成长。

（二）生生交流

生生交流主要采用"小主播"和"小组交流"两种形式。学生之间将对知识的理解、学习心得、学习困惑进行交流分析，充分利用已有的知识，实现生生互助。具体的实施策略如下：

（1）"小主播"短视频分享。学生可以对微课中的学习内容进行归纳和总结，或者针对预学案中的难题、易错题，交流解题思路或解题妙招。同时，教师也可以鼓励学生分享科普知识、读书感受等，提升学生学习的参与度，激发学生的学习兴趣，提高学生的自主学习能力。

（2）"小组交流"可分为"对学"和"群学"两种方式。教师可根据学生

的情况，让学生两两搭配，结成对子，先"对学"，找出存在的问题，充分挖掘知识死角。在"对学"中不能解决的问题再"群学"，使小组内同学之间的问题和思想相互碰撞，激发学生的潜能。"群学"时，可以由教师主导，或者由小组成员轮流主导，主导人要维持交流的秩序，充分解决学习中遇到的问题，并归纳方法，总结汇报。

四、在答疑课堂中落实"三案多模块集成"教学模式的基本策略

答疑是师生交流的重要方式，屏幕共享、直播连麦、屏幕互动等多种形式颠覆了传统的授课方式，答疑时间更加灵活，观看方式更加多样，教师能够很好地补充微课内容。

（一）课前交流分享

在小学低年级教学中，教师可以将预学案和研学案结合起来，以"你学会了什么""还有什么不明白"作为关键问题，引导学生在线交流，这既是对学习内容的归纳总结，也是对学习困惑的分析研讨，能够充分调动学生参与的积极性，满足学生个性化的学习需求。

（二）课中答疑互动

在课堂上，教师通过屏幕共享、直播连麦、屏幕互动等多种形式进行有梯度的教学活动，依托微课内容，对重难点知识和班级的共性问题进行有针对性的讲解，既依托微课又有所区别，让学生充分掌握所学知识。

低年级学生注意力集中的时间短，因此答疑时间不宜超过 20 分钟。教师要对所讲的内容进行取舍，依据问题的难易程度分配时间。有关思路分析的部分，可以采取直播连麦的形式；而回答比较简短的，则可以利用班级智能屏幕进行反馈，扩大学生的参与度。在教学顺序上，也可以先难后易，先平淡后生动，利用不同的教学活动、教师评价语，甚至教师说话的语调，保持答疑课堂的新鲜感，使学生乐于学习。

（三）课后拓展应用

教师结合课程内容，补充操作活动、实践活动、竞赛活动等，帮助学生感受"生活中处处有知识"，体会学习的快乐。

深耕细作重常规　精益求精促衔接

学校的成长离不开教师的凝心聚力、携手前行。特殊的 2020 年，特殊的课堂，特殊的毕业季，吉林市昌邑区第七小学的五年级教师将"三案多模块集成"教学模式应用在工作的每一处细节上，努力做到团队共进多研讨，线上线下一脉承。

一、线上教学促高效，线下工作显用心

（一）"三案"模式全明晰，常规备课时时抓

无论使用哪种教学模式，归根结底都是为了促进学生有效学习。在线上教学中，教师深刻体会到学生的学习效果取决于学生自身的学习力，学生"会学"才是教学的最终目标。因此，在线上教学的备课环节中，教师严格按照学校"三案多模块集成"教学模式，根据学生学情的不同、教学内容的不同、课型需求的不同，制定特色鲜明、有针对性的课堂教学方案。

课前，每一位教师认真观看哈尔滨教育云平台的课程，认真进行教材分析和备课，努力做到利用预学案为学生领航、利用研学案为学生点拨思路、利用拓学案引导学生学习，让"三案"成为我校培养学生自主学习能力、提高学生学习效率的有效学案。教师群策群力，让学生在课前、课中、课后都能充分利用"三案"，完成每日的学习任务。

（二）课中"三学"多互动，"三案"结合更精心

为提高学生的自主学习能力和线上学习的积极性，线上教学结合"三案多模块集成"教学模式和学校提出的"课中三学多互动"，采用在线直播的方式进行。线上教学的基本框架分为三部分：知识回顾、问题反馈和拓展延伸。框架的确定使线上教学的流程和内容更加清晰明了。

在知识回顾环节，学生利用线上答疑的前几分钟对本课知识点进行回顾，同时进行方法总结，清楚今天学习了什么，哪些是重点。教师利用"我来争当小主播"等活动激发学生主动学习的热情，培养学生概括总结的能力。

在问题反馈环节，学生根据自主云平台的学习和导学案的学习反馈遇到的

问题。教师利用方法总结、例题演示等方式帮助学生再次突破难点、夯实重点，利用"班级圈里晒问题"等活动培养学生发现问题、提出问题、总结问题的能力。

在拓展延伸环节，教师针对每天教学的知识点组织线上答疑，与拓学案紧密结合，拓展知识内容。定期组织"我是小小出题人"等活动，鼓励学生积极表达和思考。

二、团队教研热情高，凝聚智慧显力量

（一）团队教研常坚持，主题研究促衔接

我校五年级教师团队为落实"三案多模块集成"教学模式，共组织教研活动 16 次，包括网上教研、专题研讨、妙招分享、团队听课等。团队以提高学生的自主学习能力、保证"三案多模块集成"教学模式的落实、做好幼小衔接为突破口，通过不同的小专题进行研讨和实践，将幼小衔接教学工作和"三案多模块集成"教学模式的研究落到实处。

（二）团队总结重实效，多彩内容精彩现

"水滴石穿""绳锯木断"讲的都是只要坚持不懈，事情就能成功。对"三案多模块集成"教学模式的学习和研究也是这样，我校五年级的三个教师团队坚持做周总结，整个学期从未间断。分享精彩案例、整理学生错题集、建立班级错题库，有实效的总结和互学使全体教师的业务能力得到了很大提高。

从线下研讨到线上云端交流，我校教师不断研究和探讨"三案多模块集成"教学模式，改进教学方法。教研先行，加快理解新思维；细化常规，实现目标精细化。未来，有关"三案多模块集成"教学模式的研究还需要继续进行。

浅谈"三案多模块集成"教学模式下教师课堂学习力的提升

现代社会是一个知识型社会，更是一个学习型社会。新时期的教师应具有终身学习的观念，最突出的表现就是教师应该提升自己的课堂学习能力。教师提升课堂学习能力，最重要的是知道要怎么做，明确这么做的影响是什么，会有什么样的结果。所以，提升教师课堂学习能力的着眼点应该放在引导教师形成课堂思维上。近年来，吉林市昌邑区第七小学的教学模式正经历从"三段六步"的固定模块模式向"三案多模块集成"的灵活模式的转变。学习、参与、研讨和不断践行，证实了这一观念的有效性，证实了"三案多模块集成"教学模式对教师课堂学习力的提升作用。下面以在小学数学教学中运用"三案多模块集成"教学方法为例，分析"预学案""研学案""拓学案"在教学中的作用。

一、预学环节聚焦时事，凝聚热点

（一）关注时事，注入德育理念

在以往的预学导入环节，教师通常选用动画导入或者游戏导入，虽然趣味性强，但是距现实生活较远，育人功能体现得不突出，可以说是"为了教而教"。近三年来，结合新的教育理念和教学模式，许多教师在预学环节设计了与时事相结合的话题，让时政走进课堂，将课堂教学的内容与时事相融合，引导学生关注国内外发生的重大事件。例如，在讲授"复式折线统计图"时，结合新型冠状病毒肺炎疫情的情况，教师可以选择和学生一起关注各国每天的感染人数和治愈人数，并制成表格，引导学生利用复式折线统计图看清楚数据的走向，学生在学习数学的同时也了解了我国有力的疫情防控措施，增强了学生的爱国情怀。又如，在讲两位数的加减法时，教师可以将教材中有关2008年北京奥运会的内容与 2021 年举办的东京奥运会进行联系，还可以关注奥运会的奖牌榜和残奥会的奖牌榜，让学生自主利用奖牌数量提出数学问题，自主尝试计算，自主总结计算方法，在计算过程中增强民族自豪感。

（二）充分挖掘数学教材中的社会元素

小学五年级教材中，小数除法这一部分内容设计的是小明跑步的情境。在讲授这部分内容时，教师就可以将导入情境创设为我国神舟十二号载人航天飞船在太空遨游 3 个月后成功返回地球这一壮举。因为在日常与学生交流时，教师会得知学生的梦想，而不少学生的梦想是成为一名宇航员。要想成为一名宇航员，首先要具备的就是良好的身体素质，从这一内容自然地引入教材中的情景图。这样，学生不但能学习数学，而且能解决生活中遇到的实际问题。这些变化的教学内容、发展的教学情势，需要根据实际情况做出调整，增加背景性知识，这样的改变能有效地增强教师的专业意识，强化教师的自主反思能力，更能让教师根据自身的经历，将抽象的知识转化为具体的个体实践知识。

二、研学环节聚焦学生对话交流，凝聚思维

（一）明确探究优势，树立探究式教学观念

在教师提升课堂学习能力的过程中，有一点非常重要，那就是必须分析学生在课堂上的语言。部分教师在课堂教学中总是不能在短时间内记住学生的发言、质疑和探讨等，这是教师提升课堂学习能力的一大障碍。为此，我校近几年开展了"精准教研""课堂观察学生量表""课堂观察教师量表"等细致的教师合作研究听评课活动，其他教师在听评课过程中着重记录学生在课堂上的语言，放在课后与执教者一起进行分析和交流。在研学环节，教师应灵活组合自主探究、互动研学、分享交流、质疑问难、深度思考等模块，让学生在一系列的自主探索中获得知识。

（二）深挖学生发言，洞察学生的思维过程

教师可以在学生回答问题的发言中总结出学生思考的规律，有针对性地关注学生的发言。这样的针对性总结体现了教师洞察学生思维的三个步骤：

第一步，了解学生在说什么。教师首先要感知学生的语言情况，一方面，将学生的回答与标准答案进行比对；另一方面，要从中发现学生已经掌握了什么，学生真正想表达的是什么，以及学生想与教师和同学交流的是什么。

第二步，分辨学生是怎么说的。教师必须理解学生究竟说了什么，更必须对学生的状态施加一些影响。这些影响的关键是能够把握住学生思维的方式方法，教师要尝试分析学生的语言，一方面，必须要听明白学生说的某句话的主旨；

另一方面，要捕捉这句话的各个组成要素，尤其是要找出这些组成要素的开头和末尾。教师要对学生的表达方式非常熟悉，对那些学生精挑细选出来和自己组合的词组要给予特别的关注，因为这最能表达学生的思维方式。

第三步，找到学生的提升点在哪里。在分辨清楚学生"怎么说"以后，教师就需要迅速并准确地找到能够促进学生思维或深入、或灵活、或独立、或创新发展的提升点，并且迅速将这些提升点落实，落实在那些学生本来想表达但没能表达清楚的、没有表达出来的，以及学生尚未发现自己有能力表达的内容中。教师提出核心问题后的每一次追加提问都要有明确的目的，不能只是生硬地将学生拉到自己的教学设计中来，而是要尽力跟随学生的思维。学生的一些回答往往是表面上让人摸不着头脑、让人觉得匪夷所思的，甚至有的时候学生的回答会出现自相矛盾的情况，但是，他们的回答是他们理解了的内容和不理解的内容的混合物。教师可以仔细分析，理顺学生的回答，把重要的、有指向性的回答内容提取出来，和学生一起分析，把这些内容都分析清楚了，学生自然会有所转变。

持续的课堂学习能够帮助教师更简单、更有层次地注意学生，而且，教师可以在具体的教学情境中进行教学反思，迅速发现自己的思维漏洞和课堂上的不当之处。

三、拓学环节聚焦创造性，促进应用

（一）拓宽理解视域，激活教师的创造性

对教师而言，课堂学习能力不是外在的技能，而是内在的潜能。离开了课堂，离开了教师的切身体验，离开了教师的创造活动，课堂学习能力就不复存在。因此，提升教师课堂学习能力的实质是激发教师的创造性。

通过搭建创造性空间，教师能在调节课堂活动形态的过程中展现出恰当的课堂表现力。在拓学环节，教师可以通过进行专题结合和多层次、多角度的练习等方式让学生巩固所学知识。例如，在数学"植树问题"这一课中，教师在练习环节可脱离植树情境，结合生活中的排队、公交车到站、敲钟等实际情境变换题型，设计练习题，引导学生加深对知识的理解，锻炼思维能力，拓展思

维方法。又如，在教授"找次品"这一课时，教师可以设计"从100剂疫苗中找出1剂次品"的练习题，并让学生说一说为什么要把这剂次品找出来，如果不找到后果会怎样。在日复一日的实践和摸索中，教师应认识到，无论是教师还是学生，在课堂上都不是一个旁观者，他们应该分别是知识的传播者和使用者。如果知识无法真正进入教师和学生的思想，无法进行周转式的运动，那么，教师、学生和课堂教学三者将是分离的。要想让知识进入个体内部进行周转运动，教师不仅需要整体把握教学内容的广度和深度，更需要在课堂教学时引起学生对现实世界的真正思考，这些思考要依据学生的思维活动状态，教师要通过提问或巧妙的练习设计来引起学生的思考。教师要学会将生活中遇见的、现实的、具体的问题作为讨论的主题，适时带入课堂，引起师生的共同思考。

（二）学习教学范例，促进课堂学习力的形成

教师课堂学习能力的形成不是一蹴而就的。大多数教师对课堂的认识都是片面、零散的，对不少课堂观念的理解也只是觉得"好像是这么回事"，一旦落实到实际行动中就无从下手。处于这种情况的教师还没有真正理解课堂，还没有建立自己的课堂模型。这时，教师就要多研究一些优秀的教学课例，不同的课例蕴含着不同的结构，但是想做到真正把握并运用好这些结构，仅仅依靠研究范例是不够的，广博的知识、深入的探究、独特的体验、深刻的领悟、恰当的表达等都会影响教师的课堂判断和对教学内容的转化。

综上所述，教师要不断提升课堂学习能力，要学会将课堂讨论中学生可能产生的质疑、矛盾和焦虑，引向相信、坚持和希望。一个让学生和教师都相信、愿意坚持、充满希望的正能量课堂才是真正意义上的课堂。

线上教学与行为习惯的养成

2020 年 3 月，因为一场突如其来的新型冠状病毒肺炎疫情，学生的开学时间不得不推迟。起初，无论是教师还是学生，心中都有各种担忧。不少学生给教师发消息，内容大多是对回归校园的渴望与对教师、同学的想念。还有许多家长因孩子在家散漫的学习态度而忧心忡忡，纷纷向教师"求救"。

而对于教师来说，疫情期间一刻也不敢放松。接到教育部门延期开学的通知，要求在疫情期间停课不停学，于是教师开始准备利用信息化手段进行教学，即通过社交平台进行网络教学。针对"在教育信息化的前提下，教师应怎样备课，怎样进行网络教学，学生学习环境怎么样，学生怎样提交作业"等这一系列的问题，教师纷纷建言献策，相互交流，分享自己的经验；领导们有条不紊、不厌其烦地给大家指导工作。大家将问题逐一攻克，希望在特殊时期顺利开展教学工作。因此，教师不禁思考：要怎么做，才能有效地利用线上教学，有针对性地指导学生在这段日子里养成自主学习的好习惯，让学生能真正有所收获。

教师每天在班级群内分享多种观看网课的方式（网盘下载的链接或者下载好的完整视频），确保每个学生都能够观看课程视频。教师提前一天提供学生需要的学习资料，通过预学案帮助学生完成自主预习和课后巩固；每天利用网络平台为学生答疑，针对每天所学的重难点知识进行细致的指导和梳理；以一对一交流的方式，为学生进行书面作业的批改。借此线上教学的机会，教师希望学生能在学会知识的同时，养成良好的学习习惯，培养直面挫折的勇气，遇到困难也不退缩。下面分享一些教育方法，包括一些结合学生实际情况的改进措施，供大家参考。

一、好习惯需要好氛围

三年级在小学教育中属于过渡期，是学生从低年级向高年级过渡的成长时期，也是学生培养学习能力、意志品质和学习习惯的最佳时期。在这个时期，学生的生理和心理都会有明显的变化，他们开始有了自己的想法，但辨别是非的能力仍然有限，遇到难以解决的问题时，他们往往感到不安。尤其是当学生不在教师的视线范围内时，教师尤为担心学生的学习状况。但只要有正确的引导，学生就可以安然度过这个不安的时期，开始从被动学习向主动学习转变，他们将在学习的旅途中实现一次具有人生意义的转折。学生就像自由飞翔的风筝，而牵着他们的那根"线"绝不是教师和家长的严厉管束，而是他们养成的自我约束的好习惯。

当课堂从学校搬到了家里，当教师的角色由父母充当，当可以正大光明地拿起平时不让碰的手机和平板电脑，当偷懒和小错误可以不被教师发现，对学生来说，这样的开学似乎也还不错。可家长过得就没这么轻松了，打卡、直播软件操作还不熟练，怎么看直播、怎么投屏、遇到微课卡顿怎么办，这些问题得不到及时解决，家长心里实在着急。一个不注意，孩子就跑去玩了。原来的"母慈子孝"没过几天就变得"鸡飞狗跳"。这个时候，教师要做的就是营造一种相对轻松的氛围，人性化、个性化地制定学习要求，降低实现各种要求的操作难度，耐心地讲解网课的参与方式，设身处地地为学生和家长考虑。教师除了传道、授业、解惑之外，还应该做一个情感的输出者，要让学生和家长感受到教师的用心，不把教师布置的任务当作负担，真正地理解教师。教师只有把家长变成自己的"同盟军"，这样才能共同教育好学生。教师的包容性越大，学生和家长对教师的包容性也会越大。在充分且合理的制度下，教学计划应尽可能人性化一些，这样学生和家长都会很好地按照计划进行。

教师对待学生可以没有条条框框，但不代表没有要求。教师希望学生放松心情，而不是放松对自我的要求。对于三年级的学生，教师如果完全放手，毫无疑问，会导致他们丧失纪律性，所以监管机制还是要有的。教师应根据学生的个人情况设置个性化的作业与弹性的交作业时间，如这次作业完成得优秀就可以免写一次作业。要让学生知道，只有越努力、越认真，才能越轻松、越快乐。还要让学生知道，和一时贪玩的快乐相比，获得成功的满足感和幸福感会持续得更为长久。除此之外，教师可以利用网课平台，展示学生的各种技能和特长。虽然疫情严峻，但是家长突然多了许多难得的陪伴孩子的时光。教师在得到学生和家长的许可后，可以将学生的相关视频传到班级的网课群里。慢慢地，班级会出现很多"体育教练""瑜伽教师""烹饪小厨师"……教师可以鼓励学生利用课余时间录制长视频，投稿给班级的"小小广播员"，"小小广播员"

按照课表向班级的网课群推送相应的视频。音乐欣赏时间，班级的网课群里有时传来小提琴声，有时传来钢琴声，有时传来葫芦丝声；运动时间，篮球、瑜伽、三级跳等运动视频不断被发送……这样就增加了网课的趣味性，可以极大地带动学生上网课的积极性，让学生在网课中获得快乐，推进网络教学的顺利进行。

二、良好习惯的养成

三年级是强化良好习惯和改变不良习惯的关键时期。生活习惯的培养越早越好，学习习惯的培养也是如此。由于低年级学生的习惯具有不确定性和易变性，所以，学生在三年级养成良好的习惯将受益终身。

学生在学校时，学习是有严格的时间规定的，在家中学习时也应该有固定的学习时间。所以在正式开始线上教学之前，教师应提前让学生自己制作时间规划表，教会学生如何合理安排时间，教导学生要珍惜时间、合理利用时间。

由于精力充沛、好奇心强，三年级的学生一般是想到哪就做到哪，一边玩一边做作业的现象时有发生，这样肯定难以优质、高效地完成学习任务。所以，教师要从具体的时间安排抓起，结合实际情况规定一些具体任务，使学生易于接受，逐渐养成合理安排时间的习惯，这种习惯能让学生在固定时间自然而然地产生学习的愿望。但是，想完成这个目标，也需要家长的配合，建议家长在学生学习时尽量保持安静，全家人积极配合，给学生创造一个安静的环境。在这段时间里，家长尽量不做容易令学生分心的事，免得激起学生的好奇心，分散学生的注意力。如果这时家长能坐在学生旁边读书更好，这样除了能给学生一个良好的学习环境，还能给学生树立爱学习的榜样。长此以往，学生会很自然地养成主动学习的好习惯，学生就会把学习当作生活中的必要程序来完成，每到学习的时间，就会主动进行学习，再也不用家长提醒、叮嘱甚至责骂。

除了合理安排时间、培养主动学习的意识外，学生还要养成独立学习的习惯。有的学生不愿下功夫自己做作业，缠着家长帮自己解答题目、检查作业，在这种情况下，学生即使每天做作业也很难掌握知识。所以，一定要让学生养成独立学习的习惯，练习通过自己的努力解答题目，完成作业。教师可以教给学生一些独立完成作业的方法，如遇到难以解答的题目，先复习概念，再分析例题，接着自己思考，争取独立完成题目。即使需要帮助，也要让学生先说清自己不理解的具体地方，找到阻碍学生发展思维的根源后，教师和家长应多就问题根源启发学生。

导学案是帮助学生养成预习和复习习惯的好帮手。教师通过导学案的指导，可以让学生明白预习和复习的方法和作用，为日后恢复正常教学时，学生的自主预习和复习起到铺垫作用。预习可以提高学生听课的效率，有助于培养学生的自学能力，学生预习时要把不懂的问题做好标记，以便在课上有重点地去听、去学，课后有重点地去练。复习的目的是防止遗忘，使所学知识得到巩固，学生通过复习可以加深对知识的理解，把所学的知识连贯起来，使知识系统化。一课一梳理、一单元一总结，是教师要求学生坚持做的事情。在家学习期间，学生应慢慢形成不用教师提醒就能完成学习任务的习惯。

苏联著名教育实践家和教育理论家瓦·阿·苏霍姆林斯基说过："让孩子变聪明的办法不是补课，不是增加作业，而是阅读、再阅读。"学习需要一个广泛的基础，学生读的书越多，知识面就越广，思维就越清晰，学习新知识就会变得越容易。线上学习的这段时间，不正是学生畅游阅读海洋的大好时机吗？教师应该让学生去广泛地阅读，去收获受用一生的知识。例如，在每天晚上的答疑之前，教师可以安排分享故事的时间，并安排学生轮流担任"故事小达人"，在等待家长上线管理自习的同时，"故事小达人"会给同学们讲一个故事，这既锻炼了学生的语言表达能力，又能让学生在同学们的"点赞"中不断提升自信，让每个学生都能充分体会到读书和分享的乐趣。如此，学生会越来越喜欢阅读，并养成终身阅读的习惯。

在线上教学这段时间，教师发现了一些规律：当学生受到教师或父母的鼓励时，学习劲头会明显地提高。哪怕只是得到语言上的鼓励或者一个赞扬的动作，学生都会很兴奋、很重视，并会因此来要求自己保持优秀的状态。

在线上学习这种新的学习过程中，适时的表扬更有利于增强学生的自信心，是一个有效激发学生奋进的方法。由此可以看出，学习动机是建立在别人对自己的期望上的。特别是对于三年级的学生，教师更应该逐步引导学生正确认识鼓励和批评，充分激发学生的内在学习动机，这样才能使学生在任何环境下都能保持学习的干劲。在线上教学中，教师有机会与学生进行更多的沟通，教师应晓之以理，动之以情，通过日常生活的点滴来让学生明白，鼓励与批评都是为了促进他们的进步和成长。

相对于智力而言，学习能力对学生的影响更为直接。学习能力是后天形成的，是会随着经验和知识的积累而不断提高的。教师要除了教给学生知识，更应该教会学生学习的方法，所谓"授人以鱼，不如授人以渔"。教育就是要让学生养成习惯，而习惯会决定学生的命运。习惯的养成并非一蹴而就，线上教学使教师获得了更广阔的空间和平台，使他们有更多机会去培养学生良好的学习习惯。

线上教学中学生自主学习能力的培养

一场突如其来的新型冠状病毒肺炎疫情，打破了常规的教学模式，教师开始了线上教学的探索。线上教学的开展，打破了传统的以班级为单位的授课模式，为践行"以学生为主体"的教学理念搭建了新的平台。教师隔屏教，学生居家学，学生真正成为学习的主体，而教师也经历了从不知道该如何发挥主导作用，到不得不只发挥主导作用的转变。在这种情况下，教师面临几个亟待解决的问题：如何让教师的远程点拨恰到好处、有的放矢；如何践行"以学生为主体，教师为主导"的教学理念；如何调动学生学习的积极性，培养学生自主学习的能力；如何发挥学生自主学习的内驱力，保证线上学习的效果。线上教学在不断尝试中摸索前行。吉林市昌邑区第七小学以"三案多模块集成"模式指导教学，使线上教学工作有序开展，学生的自主学习能力得到提高，取得了良好的教学成果。

自主学习是指学生在教师的科学指导下自主进行的学习活动。教师的科学性指导是学生自主学习的前提条件和主导。学生是自主学习的主体，学生的创造性学习是教育教学活动的中心；实现学生的自主性发展是教育教学活动的目的。下面以语文学科为例，结合我校实践经验，介绍在线上教学中提高学生自主学习能力的一些方法。

一、以"三案"为依托，引导学生掌握自主学习方法

所谓"三案"，即预学案、研学案与拓学案。预学案，重点指导学生自主尝试，发现问题；研学案，重在引导学生交流碰撞，探究解疑；拓学案，侧重总结提升，拓展延伸。

（一）预学案——自学为主，质疑问难

在具体操作的过程中，备课团队的教师将预学案通过网课平台提前一天发到学生手中。学生根据预学案的引导，自读三遍课文，初步感知文章内容，对重点知识进行圈画理解，在右侧"我的收获与疑问"处提出对字、词、句或文章内容的疑问。教师在批阅的过程中可以及时看到学生提出的问题。在实际语

文教学中，教师发现，能明确自己哪里不会并提出问题的学生较少，但在学生总结的"我的收获与疑问"中，教师却能了解到学生对课文初步理解的程度，及学生对课文的理解是否有偏差，以明确答疑教学的重点。

（二）研学案——抓住重点，探究解疑

研学案与学生微课学习相结合，关注学生在微课学习过程中应着重理解的要点。学生可以一边听微课，一边完成研学案，这样，研学案就起到了促进学生思考，帮助其进行探究、深入理解知识的作用。学生也可以在听完微课之后，再完成研学案，这时研学案就起到引领学生对微课内容的再思考，促进学生知识内化的作用。教师在批改研学案的相关内容时，能够发现学生掌握不好、理解不透的知识点，进而明确答疑的重点，精心细化答疑课件，在答疑课上针对关键问题，引导学生交流思想，理解和掌握重点知识。

（三）拓学案——总结提升，拓展延伸

拓学案，是教师在学生经历了自学发现、研学探究的基础上，在每一个学习的重要环节后进行的点拨与总结，有助于提升学生的思维与理解能力。同时，教师通过布置不同类型的基础题与综合题，对学生学习的知识进行巩固、应用和拓展延伸。学生提交拓学案后，教师通过批改，把握学生对知识的掌握程度。在答疑时，教师对学生掌握不好的易错点和易混点进行重点讲解，让学生进行变式练习。"三案多模块集成"教学模式可以与传统教学相融合，充分调动学生学习的积极性，让学生成为学习的主体，学会学习，提高学生自主学习的能力，培养学生自主学习的习惯。

二、常规作业与特色作业相结合，提升学生自主学习的能力

（一）常规作业夯实基础知识

1. 充分运用拓学案

充分运用拓学案是学生自学与教师答疑点拨的基础。教师下发拓学案后，每天在答疑前逐题详批，检查学生的完成情况，明确知识疑难，并根据拓学案反馈的情况，集中解决学生的共性问题，对个性问题进行单独讲解并及时调整答疑课件，这样能够保证每一天的答疑都具有针对性和实效性。

2. 保证基础练习的时间

识字、写字是语文低年级教学的重点，也是语文学习的基础。所以，每个班级应保证每星期至少听写一次。听写的内容是将这一周要求会写的字进行组词，同时，复习学生之前的易错字，并尽可能地听写一些常用的四字词语和简单句子，这样既能帮助学生拓展四字词语，又能训练学生在语境中运用新学习的字词的能力。针对班级学生的不同学情，教师安排不同的听写内容和听写频率，水平较高的班级一周听写 2～3 次即可，听写内容要少而精，这样做用时短并易于操作，还能巩固学生识记。

3. 重视日常练习

对于小学语文教学，应该加强对小学生在课堂上的练习训练。正所谓，学习后的练习才是真正的学习，对所学知识进行及时有效的练习，不仅可以加强对所学知识的印象，更能培养小学生良好的学习习惯，还能让小学生在语文课堂的练习中获得意外的收获。因此，加强小学语文课堂的日常练习是十分有必要的。

（二）特色作业促进能力提升

为学生设计特色作业，可以培养学生的学习能力。

1. 梳理能力巧培养

教师充分利用拓学案的补充栏，引导学生每日认真梳理"我的收获与疑问"。通过每日答疑、学生优秀范例的展示与教师的规范，学生能做到清晰、有条理地梳理和分享自己的学习收获。在此基础上，教师逐步教会学生如何利用大括号、知识树、思维导图等形式来梳理语文课一篇文章的主要内容或数学课一个单元的知识要点，甚至语文课一个板块的知识总结。

2. 知识拓展广积累

教师引导学生利用拓学案空白的地方，对本课知识进行拓展延伸，增强相关的语用训练，丰富学生的知识储备。学生通过上网查阅资料，找到与本课契合的切入点，如与本课内容相关的一些四字词语、名人名言、诗词、小故事等，答疑时，教师择优与学生共享以增长学生的知识和见闻。例如，学"小马过河"

一课时，学生拓展了含有"马"字的四字词语，与实践有关的名人名言；在学习"雷雨"一课时，学生拓展了"雨的形成"的科学知识、与天气有关的谚语、写雨的诗词等。

3. 实践作业趣味多

教师结合学习内容，为学生设计实践作业，让学生可以在轻松愉悦的氛围中完成作业。例如，在统编版二年级语文下册的教学中，教师结合第四单元的语文要素，设计"想象点亮童心"实践作业，引导学生留心观察生活，走进自然，去发现自己感兴趣的动物、植物、人物、景物等。学生可上网查阅相关资料，并在组内交流，加深了解；也可以让学生展开丰富的联想和想象创编童话故事，并采用说一说、写一写、演一演、捏一捏、画一画、图文结合等方式，来展示自己的童话故事。

充满趣味性的实践作业激发了学生的想象力，在提高学生动手能力的同时，锻炼了学生的语言表达能力。

4. 写话讲评勤练笔

鼓励学生坚持进行小练笔，教师认真批改，在答疑时重点点评优秀范文，从布局谋篇的思路、好词佳句的运用，以及生动、具体的描写等方面来点评。希望通过呈现优秀范例，激励学生保持浓厚的写作兴趣，掌握练笔方法。

三、云端奖励，增强学生自主学习的信心

教师可以利用制作奖状的软件，针对学生的学习情况批量制作奖状，再通过二维码的形式发送给学生，让学生领取自己通过努力收获的奖励。独特的奖励可以激励学生提高自主学习的效率，让其合理安排时间，劳逸结合，通过公平竞争，人人争做班级计算、书法、朗诵分享等方面的"小明星"。

疫情之下，线上教学虽是权宜之计，但也不失时机地培养了学生的自主学习能力。随着疫情的逐渐平稳，线上教学也许会与传统教学相融合，以新的形式与师生见面，而学生在此期间养成的自主学习的习惯与能力却可以对今后的学习产生长远而深刻的影响。

回顾线上教学过程 立足差异
做好线下衔接

2020 年的春天樱花绽放，桃花飘香，校园却没有迎来往日的朝气蓬勃、书声琅琅，来势汹汹的新型冠状病毒肺炎疫情不仅拉开了师生间的距离，也使传统的教学方式发生了变革。经历了四个多月的线上学习，学生又迎来了暑假。回望这一路走来的网课历程，除了忙碌与紧张，也给教师带来了思考：线上教学不应该仅仅是特殊时期的产物，更应该是一种顺应时代发展的新型教学模式。

在今后的教学中，线上线下相融合的教学方式很可能成为常规教学手段。作为一线教师，当下就要开始思考如何做好线上教学与线下教学的衔接工作。

一、线上教学给学生和教师带来的变化

突如其来的疫情使教师从讲台走向屏幕变成"主播"，原来触手可及的课堂"飘"在了"云端"。虽然一开始学生和教师遇到了各种困难，如软件的使用、硬件的调试等，但是"功夫不负有心人"，经过一番努力，教师完成了从手足无措到从容不迫的蜕变。现在的教师不光会直播、组织视频会议，还会录微课、制作小视频、组织各种线上测评、安排实践活动……线上教学，让学生与教师都在实践中得到了成长。线上教学在带来挑战的同时，也为教师提供了广阔的思考空间；新的教学手段极大地拓宽了教师的教育视野，增强了教师的教育信心，提高了教师的创新意识。

对学生来说，网络学习的形式有利也有弊。学习习惯好的学生不但丝毫不受影响，还大大提高了自学能力，发挥了学习的主观能动性。经过一段时间的线上学习，学生的自主学习能力、自我管理能力、网络素养等均得到了提升。但对一部分学生来说，隔屏教学，教师看不见自己，因此就缺乏了学习时的仪式感，产生了随意性。还有的家长忙于工作，不能随时随地看管学生，很大程度上放任了其天性。时间长了，学习习惯不好的学生的学习成绩就会下滑，导致其学习兴趣降低。在进行线上学习时，由于个体学习能力、现代信息技术操作能力、学习习惯及客观网速、环境等不同因素的影响，必然会造成学习效果

的不同。如何缩小学习效果的差距，让学生站在同一起跑线上，是教师首先要做的事情。所以，在学校恢复线下教学之前，教师首先要做的就是深入了解本班学生的学习情况，对学生进行思想教育，提高学生的思想认知水平。

二、认清线上教学与线下教学的各自优势

在线上教学的过程中，教师不难看到线上教学的优点。线上教学可以不受时间和空间的限制，如在线上教学的每节课后，学生如果有什么地方没有听明白，需要复习知识点时可以观看"直播回放"；有什么题目不会，需要寻求帮助时，学生可以借助微信、钉钉、QQ等社交软件联系教师、同学；线上教学不分地域，学生能够享受到各种优质资源；线上教学为学生对网络的认知及日后利用现代化方式进行学习奠定了基础。

但是，我们也能清楚地看到，线上教学不能完全取代线下教学，因为线下教学有着线上教学实现不了的优势。

第一，线下教学对学生的监管更到位。课堂上，孩子的一个眼神、一个动作都足以使教师很快做出判断，并采取相应的教育措施。

第二，线下教学更便于学生之间面对面地合作与交流。教学改革提出合作学习的要求，是因为它有利于调动学生学习的积极性，有利于培养学生的团队意识、竞争意识，有利于促进学生的全面发展，有利于促进每个学生的个体发展。

第三，线下教学汇报、解决问题方便。学生对课堂上的一个问题可能会有很多的想法、做法，线下授课时，教师很快就能根据学生的眼神或动作知道他想发言，并判断其发言的情况；学生有想要问的问题，教师也能及时给予解决；汇报方式虽然各异，但不论哪种方式在教室里都能很快实现。学生坐在同一间教室里进行学习和讨论，随时可以碰撞出思维的火花。

三、做好线上教学与线下教学的有效结合

再次回到课堂，是否就意味着线上教学戛然而止呢？答案是否定的。线上教学虽说是疫情时期的应急举措，但也是网络时代学习的必要方式。所以，即便恢复线下教学，教师也应该将两种教学方式有效地综合利用，发挥各自的优势，做到有效地相互补充。

（一）要做好线上教学与线下教学的有效衔接

首先，教师要明白线上教学与线下教学衔接的起点。教学形式由线上转为线下，衔接的起点应包括线上教学与线下教学的教学方式的衔接起点、教师和学生的心理转换起点、教学内容的衔接起点等。

其次，开学时，教师要充分准备线上教学与线下教学衔接的各种资料，结合重新制订的教学计划，更快地找准线上教学与线下教学衔接的起点。

最后，教师要清楚线上教学与线下教学衔接的内容。一是知识内容的承接。复课后，教师要对线上学习的内容进行检测，摸清学生线上学习的效果，在进行新课教学的同时自然地渗透旧知识，使学习水平较高的学生进行复习，学习水平较低的学生得以再次学习。让学习水平较高的学生帮扶学习水平较低的学生，在帮扶过程中，学习水平较高的学生获得提升，学习水平较低的学生获得信心。二是实践训练的顺延。以语文学科为例，语文是实践性课程，重点培养学生"听、说、读、写"的能力，线上教学因时空限制，教师讲解多，学生"听"得多，而"说""读""写"较线下学习相对减少。因此，在教学衔接中要注重"说""读""写"的实践训练。三是教学方式的延续。线下教学开始后，教师依然要沿用微课讲解重点，适当运用网络资源等有明显优势的教学方式、手段、策略，这样不会让学生觉得线上学习与线下学习有明显的差别。

（二）发挥线上教学优势，整合优化线下教学

特殊时期的特殊教学形式，让教师深刻体会到现代信息技术与小学课程深度融合的学习将会是未来学习的新常态，也让教师习惯了有拓展内容的课堂的充实感。

线上教学期间，教师团队遵循预学—研学—拓学三个教学步骤，利用网络学习不受时间、空间限制的优点，掌握了现代教育技术手段，帮助学生尽可能达成学习目标。转入线下教学后，教师不能抛弃线上教学中一些优秀的环节，如让学生课前做预习和查找资料、课后做拓展和补充等，要利用丰富多样的信息技术手段来辅助课堂教学。

恢复线上教学后，教师布置的作业可以是书面的，也可以是一些生活实践，

学生通过拍照片、录制小视频等提交作业；教师、学生都可以录制微课并上传到班级群，以供学生随时观看；教师、学生在课余时间有需要下发的通知或寻求帮助解决问题时，可以通过钉钉、微信、QQ等社交软件进行线上联系，这样不但解决了教师、学生当下的问题，还有助于学生复习和巩固相应的知识

留下资料，也可以为教师、学生锻炼网络操作能力提供机会，为今后更好地使用网络打下坚实的基础。教师可以将自己掌握的现代教育技术手段及整合的优质课程资源充分应用到线下教学中，提高线下教学的质量。

重新开始线下教学时，教师不能急于进行新课的讲授，而是要针对测试情况对线上教学内容进行适当的再次讲解，把新旧知识进行适当的整合。此时，学生知识的认知程度发生了改变，教师以往常用的通过口头语言向学生传授知识的教学方法就要做出适当的调整，可以改用复习谈论法（问答法），这是一种教师按一定的教学要求向学生提出问题，要求学生回答，通过问答的形式来引导学生掌握获取知识和巩固知识的方法。在复习谈论法中，教师根据已经教授的知识内容向学生提出一系列问题，通过师生问答、生生问答的形式帮助学生复习、深化其已学知识。这样既有助于激发学生的思维，调动学生的学习积极性，培养学生独立思考能力和语言表达能力，对于知识掌握水平较高的学生，又可以起到巩固知识的作用，对于知识掌握水平相对弱一点的学生，还提供了再认知的机会，以便其及时达到教学要求。学习新知识、复习旧知识是教学过程中的必要手段。复课后，教师要有意识地将对旧知识的回顾融入新知识的教学过程当中，以此促进学生综合能力的提高。

回归线下课堂，是学生与教师共同的期待。而由线上教学转回线下教学，要适应的不光是学生，还有教师。因此，要认清线上教学与线下教学的差异，就需要教师探索将线上教学策略与线下教学策略进行整合的方法，只有认识到这一点，线上教学与线下教学才能自然过渡、科学衔接，教学策略才能随时顺应学生的需要，从而做到行之有效。